北京宣传文化引导基金
BEIJING CULTURE GUIDING FUND
北京宣传文化引导基金资助项目

写给青少年的
伟大的抗美援朝

不能忘却的伟大胜利

胡海波 / 著

U0950072

北京科学技术出版社

图书在版编目（CIP）数据

写给青少年的伟大的抗美援朝．不能忘却的伟大胜利 / 胡海波著．— 北京：北京科学技术出版社，2023.10

ISBN 978-7-5714-3189-1

Ⅰ．①写… Ⅱ．①胡… Ⅲ．①爱国主义教育—中国—青少年读物 Ⅳ．①D647-49

中国国家版本馆 CIP 数据核字（2023）第183231号

策划编辑： 许苏葵　赵子涵
责任编辑： 陶宇辰　赵子涵
责任校对： 贾　荣
图文制作： 北京麦莫瑞文化传播有限公司
责任印制： 吕　越
出 版 人： 曾庆宇
出版发行： 北京科学技术出版社
社　　址： 北京西直门南大街 16 号
邮政编码： 100035
电　　话： 0086-10-66135495（总编室）　0086-10-66113227（发行部）
网　　址： www.bkydw.cn
印　　刷： 北京盛通印刷股份有限公司
开　　本： 710 mm × 1000 mm　1/16
字　　数： 174千字
印　　张： 13.75
版　　次： 2023 年 10 月第 1 版
印　　次： 2023 年 10 月第 1 次印刷
ISBN 978-7-5714-3189-1

定　　价： 48.00 元

京科版图书，版权所有，侵权必究
京科版图书，印装差错，负责退换

序 言

传承、弘扬伟大抗美援朝精神，我们正当时

1950 年，为了祖国的和平与安宁，有一群最可爱的人雄赳赳、气昂昂，跨过鸭绿江，毅然奔赴朝鲜，与当时世界上最强大的军队进行了一场惊天动地的较量。历经 2 年 9 个月舍生忘死的浴血奋战，中国人民志愿军最终赢得了抗美援朝战争的伟大胜利，为世界和平和人类进步事业做出了巨大贡献，也锻造出了伟大的抗美援朝精神。

在纪念中国人民志愿军抗美援朝出国作战 70 周年大会上，中共中央总书记、国家主席、中央军委主席习近平深刻阐述了抗美援朝精神的历史意义和时代价值："伟大抗美援朝精神跨越时空、历久弥新，必须永续传承、世代发扬。"

为贯彻落实习近平总书记指示要求，全国中小学纷纷开展弘扬伟大

抗美援朝精神“五个一”教育活动，引导中小学生铭记抗美援朝的艰辛历程和伟大胜利，缅怀先烈的英雄事迹和崇高精神，传承红色基因、赓续红色血脉，从小培养敢于斗争、善于斗争、知难而进、坚韧向前的意志品质。

历史是最好的教科书，而青少年时期正是学习历史知识，树立正确世界观、人生观、价值观的关键时期。《写给青少年的伟大的抗美援朝（全3册）》是由抗美援朝历史研究专家为青少年量身打造的展现抗美援朝战争全景、学习英雄事迹、传承和弘扬伟大抗美援朝精神、培养爱国主义情感的红色经典教育读本。

结合中共中央、国务院印发的《新时代爱国主义教育实施纲要》和中小学课标要求，我们将整套图书设计为《写给青少年的伟大的抗美援朝：不能忘却的伟大胜利》《写给青少年的伟大的抗美援朝：铭记英雄的故事》《写给青少年的伟大的抗美援朝：我们为什么能赢》3册。

《不能忘却的伟大胜利》按照抗美援朝战争发展的时间顺序，以代表性战斗和历史事件为点，详细讲述了从朝鲜内战爆发到中国决策出兵，经过志愿军以顽强的意志同以美国为首的“联合国军”进行的五大战役，最后迫使美国不得不同意停战谈判，取得最终伟大胜利的抗美援朝战争的全过程。

这本书可以让青少年了解抗美援朝战争的全景，铭记这段波澜壮阔的战争历史，其中生动详细的战斗情节带领青少年读者重回战争现场，切身感受志愿军的英勇战斗精神。该书在正文中穿插了“人物档案”“知识拓展”等板块，让青少年可以更好地理解真实历史。

《铭记英雄的故事》从个人和集体的角度出发，精选了抗美援朝志愿军模范英雄和功臣名单里具有代表性的志愿军英雄人物和英雄部队，详细刻画了他们在战场上所表现出来的意志品格，以及他们生活中的小故事，英雄人物的形象更加丰满。伟大的胜利背后离不开不怕牺牲、勇于奉献的英雄群体。英雄是一个民族坚强不屈的脊梁，是一个社会价值导向的坐标。他们的精神指引着中国人民克服一切困难走向最终的胜利。

这本书可以让青少年了解英雄本出自平凡，日常生活中养成良好的意志品格才能铸就关键时刻挺身而出的英雄。该书为每个人物设计了“英雄档案”“英雄故事”和“英雄精神启示”这3个板块，结构清晰，有助于青少年更好地了解英雄事迹，向英雄致敬。

《我们为什么能赢》以青少年易于理解的凝练语言，通过互动问答的方式，解答了青少年对抗美援朝战争感兴趣的问题。本书从历史背景、国际形势、出兵原因、决策过程、胜败分析、抗美援朝精神、战争胜利对中国的意义等多维度的视角记述和分析了中国人民志愿军取得抗美援朝战争伟大胜利的更深层次的意义。

这本书让青少年可以更好地理解什么是伟大抗美援朝精神，以便在新时代更好地学习、传承、弘扬和实践这种精神。该书共10章，每章后都附有“知识拓展”和“抗美援朝小考场”板块，让青少年可以更全面、更系统、更清晰地掌握抗美援朝的历史知识脉络。

以上3本书主题鲜明，既单独成册，满足青少年对不同主题的学习需求，又可组合成套。本套书通过经典战役、英雄模范、胜利原因3个方面构成一个完整的抗美援朝战争历史知识体系，真实还原了抗美援朝战争的全貌。

从图书表现形式看，本套书配有数据图表、历史照片，更有《跨过鸭绿江》《冰血长津湖》《烈火邱少云》《黄继光堵枪眼》等手绘插图，以提高青少年的阅读兴趣，让青少年可以更好地理解历史。

在叙述方式和语言风格上，本套书以青少年喜闻乐见的叙述方式，简洁、通俗、生动地解读了这段中国人不可忘却的战争史。同时，本套书努力贴近青少年的阅读习惯，力求以抗美援朝战争历史故事作为切入点，回答中国出兵决策为什么意义深远、战争过程为什么艰苦卓绝、志愿军将士的英雄事迹为什么可歌可泣、抗美援朝战争为什么能赢等重大问题，为青少年讲清来龙去脉，剖析前因后果，引发新时代青少年的思考与共鸣。

青少年们，学习抗美援朝战争史，你就会了解中国军人是怎样用“钢少气多”力克“钢多气少”。这就是伟大的抗美援朝精神！

青少年们，学习抗美援朝战争史，你就会了解和平是要付出代价的。中国人民志愿军打败了侵略者，震动了全世界，奠定了新中国在亚洲乃至国际事务中的重要地位，彰显了新中国的大国地位。这一战，不仅让全世界对中国刮目相看，还充分展示了中国人民维护世界和平的坚定决心！

青少年们，学习抗美援朝战争史，你就会了解我们并没有生活在一个和平的年代，只是生活在一个和平的国家。如今，我们的祖国强大了！

19.7 万多名英雄儿女为了祖国、为了人民、为了和平献出了宝贵生命。直到今天，在三八线附近的土地上还掩埋着许多志愿军烈士的遗骸，他们没有留下名字，也没有墓碑。祖国没有忘记，并多次用最高规格的隆重仪式迎接他们的英灵魂归故里。而我们更不能忘记。

一代人有一代人的责任，一代人有一代人的担当。少年强则国强，新时代的青少年是红色基因和民族记忆的传承者，是实现中华民族伟大复兴的生力军。

让我们通过这套《写给青少年的伟大的抗美援朝（全3册）》，回到那个战火纷飞的年代，重温抗美援朝战争的光辉历史，感受先辈们的家国情怀、无畏精神、坚韧作风和必胜信心，为成长进步注入不竭的动力，让奋斗的青春绽放出绚丽的花朵，共同建设更加美好的未来，以告慰长眠在地下的英灵。

70多年前，抗美援朝、保家卫国，他们正年轻；70多年后，传承、弘扬伟大抗美援朝精神，我们正当时。

刘建

中国人民解放军战略支援部队航天工程大学原副校长

著名军事专家

陆军少将

目　录

序幕

朝鲜是与中国唇齿相依的邻邦，位于东亚朝鲜半岛，其北部与中国、俄罗斯接壤，西临黄海，与中国的山东半岛隔海相望，东临日本海，具有重要的战略位置。在数千年的历史中，朝鲜除与中国保持密切联系外，很少对外交往，被西方国家称为“隐士王国”。

近代以后，朝鲜成为帝国主义列强殖民扩张的牺牲品。隔海相望的日本把朝鲜视为通往亚洲大陆的跳板，接连挑起两场战争——中日甲午战争、日俄战争，击败中国、沙皇俄国，并独占朝鲜，1910 年正式将朝鲜据为殖民地。从此，朝鲜长期遭受着日本的残酷统治。

第二次世界大战中后期，随着世界反法西斯战争的进行，中、美、英三国签署《开罗宣言》，承诺让朝鲜自由和独立。在后来举行的雅尔塔会议上，人们决定战后由苏、中、美、英四国对朝鲜实行临时托管。

然而，随着第二次世界大战后世界格局和政治形势的急剧变化，朝鲜很快成为东西方两大阵营在远东斗争的重要阵地，从而爆发了一场大规模的国际性局部战争——朝鲜战争。

朝鲜的分裂

第二次世界大战结束后，美、苏同时向朝鲜半岛进军，为防止冲突，双方需要商定一条接受日军投降的分界线。一名从未去过朝鲜的美军参谋看着地图提出以北纬 38 度线为界，得到苏联的同意，这就是著名的三八线。从此，朝鲜半岛被一分为二，形成了美军和苏军两个占领区。

二战后，美、苏两国由原来的反法西斯同盟国迅速转变为斗争的对手，并在国际上形成了以苏联为首的社会主义阵营和以美国为首的资本主义阵营，也称为东西方两大阵营。

在冷战的形势下，所谓的四国临时托管很快化为泡影。1948 年，在朝鲜半岛南部，美国扶植成立以李承晚为首的“大韩民国”政权；在朝鲜半岛北部，苏联支持成立以金日成为首的“朝鲜民主主义人民共和国”政权。从此朝鲜以三八线为界，陷入分裂状态。

朝鲜内战爆发

1948 年底，苏联从朝鲜半岛北部撤军；1949 年 6 月，美国从朝鲜半岛南部撤军。此后，朝鲜半岛上，南北两方的政府都宣称自己是合法政府，并积极准备统一全朝鲜。在美国援助下，南朝鲜李承晚政府竭力主张以武力北进，朝鲜为此也进行了必要的军事准备。

与此同时，东亚地区还发生了一个巨变。中国人民在中国共产党领导下，经过长期武装斗争，终于推翻了帝国主义、封建主义、官僚资本主义在中国的反动统治，于 1949 年 10 月 1 日成立了中华人民共和国。

中国革命的胜利是第二次世界大战后，世界历史上最重大的政治事件，它极大地增强了社会主义阵营的力量，改变了国际政治力量的对比。

中朝两国在抗击日本帝国主义侵略和争取民族解放的斗争中建立了密切的合作关系和深厚的友谊。中国革命的胜利给朝鲜以极大鼓舞。

苏、美从朝鲜撤军后，朝鲜半岛局势骤然紧张起来。朝鲜半岛南部和北部的斗争日益激化，三八线上经常发生摩擦和武装冲突，终于在 1950 年 6 月 25 日，爆发了朝鲜内战。

美国武装干涉朝鲜内战

美国从称霸世界的全球战略出发，认定在朝鲜爆发的战争是苏联全球攻势的重要部分，便立即派出美军进入朝鲜支援南朝鲜军作战。与此同时，美国总统杜鲁门下令美军出动第七舰队入侵台湾海峡，公然阻挠中国统一。

在苏联和中华人民共和国合法代表缺席的情况下，美国操纵联合国安理会通过决议，授权由美国组建“联合国军”，全面介入朝鲜内战。由此朝鲜内战变成国际战争。

然而战争爆发后，朝鲜人民军南下势如破竹，很快攻占汉城、大田，南朝鲜军全线溃败。美军在海空优势兵力支援下仍连吃败仗，连最早入侵朝鲜的美军第 24 师师长迪安都成了俘虏。

朝鲜人民军解放了南朝鲜 90% 的地区，使美军和南朝鲜军退到洛东江以东的狭小地域。美军依托釜山防御圈负隅顽抗，并积极准备反扑。

眼看美军就要被赶下大海，“联合国军”总司令麦克阿瑟看到朝鲜人民军主力都集中在洛东江战线，后方空虚，便于 1950 年 9 月 15 日发动了仁川登陆战，从朝鲜半岛最狭窄的蜂腰部突入，与在釜山的美军两面夹击朝鲜人民军。朝鲜战局发生了逆转。

朝鲜人民军从南部败退。“联合国军”一路向北追击，并不顾中国警告，悍然越过三八线，将战火烧到了中朝边境的鸭绿江边。

知识拓展

“联合国军”

朝鲜内战爆发后，1950 年 7 月，美国操纵联合国安理会，借联合国名义组建了以美国为首的 16 国部队，以干涉朝鲜内政，并将总司令部设在日本东京，远东美军总司令麦克阿瑟被任命为“联合国军”总司令。其他 15 个参战国家是英国、加拿大、土耳其、澳大利亚、荷兰、新西兰、法国、菲律宾、泰国、南非、希腊、比利时、卢森堡、哥伦比亚、埃塞俄比亚。

南朝鲜军并不属于“联合国军”，但受其指挥。“联合国军”并非联合国组建的，也不在联合国控制范围内，而是由美国统一指挥。

第一章

决策出兵抗美援朝

一 新中国刚成立，保卫和平是根本

新中国成立之初需要和平环境

新中国成立后，摆在中国共产党和中国人民面前的形势依然相当严峻，任务依然相当艰巨。由于长期遭受帝国主义列强的侵略和掠夺以及战争的破坏，整个中国千疮百孔，百废待兴，一切均需从头做起。

此外，帝国主义国家对在中国的失败不甘心，对新中国采取经济上封锁、军事上包围、外交上孤立、政治上颠覆等各种手段，企图把新中国扼杀在摇篮里。

面对这种严峻的政治、经济形势，中国人民非常需要一个和平的国际环境，以抚平战争创伤，恢复和发展国家的经济、文化、科学、教育等事业，巩固新生的人民民主政权。

1949 年 12 月，毛泽东访问苏联，同斯大林等苏联领导人会谈时说，现在最重要的问题是保卫和平。中国需要三至五年的和平喘息时间，用这段时间来恢复到战前的经济水平和稳定全国的局势。

战略抉择的新课题

到 1950 年下半年，中国各方面已经得到了较好的恢复，但仍有很大的困难。

政治上，大规模的战争已经结束，但西藏和沿海的少数岛屿还没有解放。东北、华北地区的匪患已经基本消除，但华东、中南、西南、西北等新解放区的匪患还相当严重。新解放区土地改革刚刚开始，还有一部分基层政权没有建立，已经建立的也还不稳固。

经济上，重点恢复铁路、公路交通和水利工程，取得了显著的成绩。全国原有的 2 1700 多千米的铁路全部恢复通车，东北和华北地区已经开始有计划地进行经济建设，全国工农业生产同 1949 年比有大幅增长，但是还远未达到全民族抗日战争爆发前的最高生产水平。国民经济恢复任务还相当繁重。

军事上，人民解放军的总兵力已达 500 多万人，急需精简人员，支援国民经济建设。到新中国成立之时，解放军虽然有 22 年革命战争的丰富经验，战斗意志顽强，但武器装备基本上还是小米加步枪的水平，需要加强现代化建设。除了少数部队准备解放台湾、西藏和正在进行剿匪作战外，大部分野战军已经在担负工农业生产的任务。

1950 年 6 月 6 日—9 日，党的七届三中全会召开。会议着重讨论了实现国家财政经济状况基本好转的问题，确定党的中心任务是以三年左右的时间，争取实现国家财政经济状况的基本好转，为有计划进行经济建设创造条件。

然而，就在这时，朝鲜内战爆发了。美国立即对朝鲜内战进行武装干涉，并同时侵入中国的台湾海峡，给中国人民提出了必须做出战略抉择的新课题。

二 中国未雨绸缪，组建东北边防军

美国的野心不只是朝鲜

从朝鲜战争爆发那天起，中共中央和毛泽东以特有的战略敏感，一直在关注着战争的进展和对中国安全的影响。

1950 年 7 月底，侵朝“联合国军”总司令麦克阿瑟明目张胆地飞抵中国台湾，公开与蒋介石会面。

蒋介石对此事大肆宣传，将两个人挽手合影的照片登在报纸的显著位置，并暗中请求出兵朝鲜为美助战。这个请求最终被美国拒绝。

毛泽东敏锐地意识到，朝鲜战争事态的扩大似乎使蒋介石看到了东山再起的希望。一旦朝鲜战局恶化，蒋介石的国民党军队和美军可从鸭绿江侵入中国东北，同时在美国第七舰队的海空力量支援下蒋介石的国民党军队也可以反攻中国大陆。所有这些，引起了毛泽东的警觉：反动势力试图南北呼应，对此不能不防。

人物档案

道格拉斯·麦克阿瑟

1880.1.26—1964.4.5

美国陆军五星上将。曾任西点军校校长、美国陆军参谋长；参加过两次世界大战；在第二次世界大战时期历任美国远东军司令、西南太平洋战区盟军司令，运用“蛙跳”战术多次实施两栖登陆。以盟军最高统帅身份代表盟国接受日本投降，并执行对日占领任务。

1950 年 6 月任侵朝“联合国军”总司令，9 月指挥美军发动仁川登陆战，随后指挥“联合国军”越过三八线侵占平壤，并向鸭绿江推进，直逼中国边境。在中国人民志愿军和朝鲜人民军有力反击下，被迫率军退守三八线以南地区。后因竭力主张扩大侵朝战争规模，公开指责美当局的全球战略，于 1951 年 4 月被总统杜鲁门解职。

调第 13 兵团开赴东北

早在 1950 年 7 月 7 日，在中共中央和毛泽东指示下，主持中央军委工作的军委副主席周恩来在中南海居仁堂主持召开保卫国防问题会议。会议决定，火速从中原地区的国防机动部队调第 13 兵团开赴东北，组建东北边防部队，以应对朝鲜战局可能会出现的危机。

简短、高效的国防会议仅用了 3 小时。午夜，中南海颐年堂灯火通明，毛泽东连夜审阅并批准了周恩来呈送的会议纪要。当时整个东北只有第 42 军在搞生产，第 13 兵团必须尽快开赴东北，抓紧进行战前训练，不能拖延。

后来的事实证明，凡事预则立，不预则废，必须把能战斗的部队放到前沿，以应对突发情况。毛泽东早早地在东北布下第 13 兵团这一枚棋子，对以后扭转朝鲜战局起到了关键的作用。

南北大运兵

1950 年 7 月 13 日，中央军委正式发布《关于保卫东北边防的决定》，动员的号角就此吹响，中国人民解放军历史上空前的南北大运兵开始了。

在千里铁道线上，几十万大军不分昼夜地从全国各地同时向东北进发，最先行动起来的是位于广州市的第 15 兵团部。以邓华为司令员的第 15 兵团部与第 13 兵团部对换，邓华则率领第 13 兵团的 3 个军迅即开往东北。

第 13 兵团 3 个军包括号称四野“天下第一纵”的第 38 军、擅打硬仗的精锐之师第 39 军，以及赫赫有名的“旋风纵队”第 40 军。在解放战争中，这 3 支劲旅从东北打到海南岛，令国民党军队闻风丧胆。此时，这支具有光荣战斗传统的王牌部队增加了第 42 军，更是如虎添翼。

第 40 军刚刚渡海解放海南岛，正从海南岛撤回，在前往广州的急行军路上接到了开赴东北的命令，于是火速从广州乘坐火车向东北进发。

第 38、39 军正在河南搞大生产，一派“刀枪入库，马放南山”的和平景象，甚至已将部分装具改成了农具，由于长时间未充分训练，有的炮筒里都有麻雀做了窝。此时接到命令，两个军雷厉风行地做好了准备，分别从信阳、漯河上火车，日夜不停地向鸭绿江边奔去。

人物档案

邓 华

1910.4.28—1980.7.3

中国人民解放军上将，湖南郴县（今郴州市）人。参加了长征、平型关战役、百团大战、辽沈战役、平津战役等重要战役；组织指挥了海南岛战役，以两个军的兵力乘木帆船进行了大规模渡海作战，并取得了胜利。

在抗美援朝战争中，任中国人民志愿军第一副司令员兼第一副政治委员。他胸怀全局，屡出奇谋，协助彭德怀指挥第一至第五次战役，并组织指挥了 1952 年秋季战术反击作战、上甘岭防御战及 1953 年夏季反击战役，后任中国人民志愿军司令员兼政治委员。

7 月 23 日，中央军委决定东北边防军归东北军区司令员兼政治委员高岗指挥。正式任命邓华为第 13 兵团司令员，赖传珠为政治委员，解方为参谋长，杜平为政治部主任。此后，又陆续任命洪学智、韩先楚为第 13 兵团副司令员，组成了一个会集精兵强将的北上兵团指挥机构。

这不仅使边防军部队的战前准备得到了切实保证，而且为志愿军出国作战后，在紧急情况下，以第 13 兵团部为基础组建志愿军总部奠定了基础。

为战局可能的逆转做准备

1950 年 8 月中旬以后，朝鲜战争的形势已经变得不容乐观。在此之前，朝鲜人民军在美国参战的巨大压力下，敢打敢拼，攻占汉城，强渡汉江，一路南下，直抵洛东江，使美国第 8 集团军和南朝鲜的残兵败将退到釜山四周。

然而，不肯轻易认输的美国向朝鲜战场持续投送兵力，扩大战争规模。至 8 月中旬，美国陆续投入到战场上的地面部队已有步兵第 24、25、2 师和骑兵第 1 师共 4 个师 1 个旅，总兵力达 7 万余人。

参加“联合国军”侵朝的其他国家的军队也开始陆续调往朝鲜。首先来的是英军第 27 旅，加上南朝鲜军，总兵力已近 18 万人。而正在实施进攻的朝鲜人民军只有不到 10 万人，双方军事力量对比已发生明显的变化。

战争双方在朝鲜半岛东南隅的洛东江形成僵持局面，美军在大批轰炸机的掩护下，实施迟滞攻势，以时间换取空间的战术，继而拼死扼守洛东江，建立了釜山环形防御圈，遏制了朝鲜人民军的攻势。

为了防备战局可能发生的逆转，8 月下旬，根据代总参谋长聂荣臻的建议，中央军委决定调第 9 兵团集结于津浦铁路，作为东北边防军的二线部队。该兵团辖第 20、26、27 军，原在华东地区准备南下解放台湾。

调第 19 兵团集结于陇海铁路线，作为东北边防军的三线部队。该兵团辖第 63、64、65 军，在西北地区刚刚结束剿匪作战。

8 月 26 日，周恩来再次主持召开国防会议。若我军决定参战，则需提前做好准备。比如，检查东北边防军的各种准备情况，并决定向苏联订购装备，加速空军、装甲兵、炮兵（包括高射炮兵）的建设。

9 月 6 日，第 50 军被编入东北边防军，从而使其增加到 5 个军。

未雨绸缪，有备无患

中共中央和毛泽东以惊人的战略洞察力意识到了中国可能面临的危险，在当时国内尚未建立战备物资储备和运输条件的困难下，做出了提前组建东北边防军这样一个具有远见的战略决策。

聂荣臻后来对此回忆道：“九月十五日美军在仁川登陆，接着就大举北进，迅速向我国边境地区逼近。由于我军已有所准备，所以十月份我志愿军部队能及时北上，进入朝鲜，制止了美帝国主义妄图吞并朝鲜侵略中国的阴谋。如果不是毛泽东同志和党中央预见到战局会出现曲折，及时组建战略预备队，我们就很可能措手不及，贻误战机。”

数年之后，毛泽东在会见苏共代表团时讲起此事：“战争开始后，我们先调去三个军，后来又增加了两个军，总共有五个军，摆在鸭绿江边。所以，到后来当帝国主义过三八线后，我们才有可能出兵。否则，毫无准备，敌人很快就要过来了。”

三 朝鲜紧急求援，中共中央决策抗美援朝

朝鲜紧急求援

1950 年 9 月，毛泽东、周恩来认为对朝鲜人民军最为不利的情况终于

发生了。朝鲜人民军一路南下，补给线延长，后方严重空虚，暴露出战略弱点，而这一弱点恰恰被老谋深算的麦克阿瑟抓到了。

9 月 15 日凌晨，在麦克阿瑟亲自指挥下，美第 10 军在海空军掩护下从仁川登陆。美军登陆成功后直插汉城，完全切断了朝鲜人民军的后方补给线。麦克阿瑟命汉城方向的美第 10 军向南拦击，釜山的美第 8 集团军向北反攻，将朝鲜人民军置于南北夹击之中。

朝鲜人民军在洛东江对峙线上顽强阻击，但抵挡不住美第 8 集团军的攻势。9 月 23 日，金日成下达了全线向三八线附近撤退的命令。

在美军、南朝鲜军攻占汉城，进逼三八线，妄图以战略速决之势吞并全朝鲜、危及中国安全的紧急时刻，中国通过各种渠道发出了正义的警告之声。

知识拓展

仁川登陆

仁川位于朝鲜半岛的西海岸，距离南朝鲜首都汉城（今首尔）不到 40 千米，同时也是南北供给线上重要的交通枢纽。作为军事战略港口城市，因潮汐落差极大，登陆舰易搁浅，入港主通道狭窄，船沉无路可退等地理条件都使得仁川非常不适合两栖登陆作战。

然而，“联合国军”总司令麦克阿瑟却不顾众人反对，竟以赌博的心态主导了一场大胆的军事冒险行动。1950 年 9 月 15 日，约 10 万名美军士兵在大量海空兵力的掩护下成功登陆仁川，并于 28 日攻占了汉城。10 月 7 日，“联合国军”不顾中国警告越过三八线，并于 19 日攻占了朝鲜首都平壤。

至此，仁川登陆战扭转了朝鲜战争初期的战局。随着中国人民志愿军入朝参战，朝鲜战争也由此进入了一个新阶段。

9月30日，周恩来发表严正警告：“中国人民热爱和平，但是为了保卫和平，从不也永不害怕反抗侵略战争。中国人民决不能容忍外国的侵略，也不能听任帝国主义者对自己的邻人肆行侵略而置之不理。”

10月1日，毛泽东等党和国家领导人登上天安门城楼参加了群众庆典，并检阅了部队。北京城内洋溢着节日气氛，而朝鲜的紧急消息却不断传来。

这一天晚上，南朝鲜军越过了三八线，麦克阿瑟向朝鲜发出了最后通牒。金日成首相正式请求中国直接出兵援助朝鲜。

艰难决策的18个日夜

10月2日下午，毛泽东主持中央书记处会议，讨论朝鲜战局和出兵援朝问题。从10月2日起直至10月19日志愿军正式跨过鸭绿江被称为艰难决策的18个日夜。

10月3日，金日成派出朝鲜内务相朴一禹带着给毛泽东的急信赶到北京，当面正式向毛泽东转达了金日成的请求：请求中国出兵援助。

10月3日，周恩来通过正式的外交途径对美国政府明确表示：如果美国军队越过三八线，扩大战争，“我们不能坐视不顾，我们要管”。

对于中国方面的一再警告，美国方面竟然当作是一种“口头上的威胁”，是一种外交上的“姿态”。麦克阿瑟的情报处处长查尔斯·威洛比号称“中国通”，连他也认为，最近中共领袖声称，如果“联合国军”越过三八线，他们将进入北部朝鲜，这不过是外交上的一种勒索。

10月4日，毛泽东主持召开中央政治局扩大会议，讨论朝鲜半岛局势和中国出兵问题。彭德怀被电召进京。

人物档案

彭德怀

1898.10.24—1974.11.29

中华人民共和国开国元帅、无产阶级革命家、军事家、政治家、中国人民解放军创建人和领导人之一，湖南湘潭乌石人，1928 年加入中国共产党。曾任八路军副总司令、人民解放军副总司令，在抗日战争中指挥百团大战，在解放战争中率领西北野战军转战陕北，打了许多恶仗、硬仗。毛泽东曾写诗赞扬：“谁敢横刀立马？唯我彭大将军。”

1950 年 10 月任中国人民志愿军司令员兼政治委员，指挥中国人民志愿军，同朝鲜人民军一起在 7 个月内连续进行 5 次战役，把以美国为首的“联合国军”赶回三八线以南。朝鲜民主主义人民共和国授予他“朝鲜民主主义人民共和国英雄”称号。

这次会议中，多数人普遍表示，考虑到当下的国情，出兵问题应当慎重，不到万不得已的时候，最好不要打这一仗。尤其对手又是强大的美国，从工业水平和军队装备上讲，中国都相差很远。当然，也有少部分赞成出兵的人认为，所谓唇亡齿寒，一旦美军打到鸭绿江边，将对新中国形成巨大的威胁。

毛泽东听完大家的意见，最后讲：“你们说的都有理由，但是别人处于国家危急时刻，我们站在旁边看，不论怎么说，心里也难过。”

10 月 5 日，在下午继续召开的政治局扩大会议上，争论仍然很激烈。

彭德怀发言说："出兵援朝是必要的，打烂了，等于解放战争晚胜利几年。如美军摆在鸭绿江岸和台湾，它要发动侵略战争，随时都可以找到借口。"

毛泽东赞同彭德怀的观点，他认为中国当前存在着一些困难，这是事实。但是现在美国在逼着中国打这一仗，中国不管有多大的困难，必须立即出兵朝鲜。会议最终正式通过了毛泽东的提议，由彭德怀率领志愿军入朝，协助朝鲜人民军抗击敌人。

10 月 6 日，周恩来受毛泽东委托，主持召开党政军高级干部会议，传达中共中央政治局的决定，对志愿军入朝作战事宜进行研究和部署。

10 月 7 日，美军越过三八线。毛泽东经苏联驻华大使罗申向斯大林表明中国决定出兵的态度。

10 月 8 日，毛泽东发布命令，将东北边防军立即改为中国人民志愿军，任命彭德怀为中国人民志愿军司令员兼政治委员，立即率军进入朝鲜。

知识拓展

中国人民志愿军名称的由来

中共中央做出抗美援朝决策后，毛泽东与周恩来研究，想用"支援军"的名义出兵，后来在民主人士黄炎培的建议下改为"中国人民志愿军"。

当美国军队在朝鲜遭到志愿军的痛击后，美国军政首脑曾纷纷叫嚷他们遇到的是"中共正规军"，根本不是什么"志愿军"，但是他们害怕把战争扩大，后来也承认了"志愿军"的名字，说明中美之间还未进入战争状态，以安抚美国国内民众及其盟国。英法等国更是声称自己没有和新中国开战。这些都证明以中国人民志愿军的名义参战有利于限制战争规模，在外交斗争中也处于十分有利的地位。

应当参战，必须参战

1950 年 10 月 9 日，彭德怀到达沈阳，紧急召集第 13 兵团及东北军区负责人召开参战部队军以上干部会议，部署出国前的准备工作。

当晚，彭德怀接到了朝鲜内务相朴一禹带来的朝鲜战局最新情况——美军即将进攻朝鲜首都平壤，东部战线南朝鲜军主力已到达元山，美第 8 集团军正准备北进。而朝鲜人民军大部分还被隔断在南朝鲜。朝鲜战况愈加紧急。

彭德怀要求志愿军部队克服一切困难，跟拥有海陆空机械化部队的敌人抢时间，在 10 天内完成全部出国作战的准备工作。

10 月 10 日，彭德怀致电毛泽东，报告志愿军出动计划。

10 月 11 日，彭德怀登上列车前往鸭绿江边的安东（今丹东）。而此时，苏联传来消息，之前答应的给志愿军的空军支援还没准备好，两个月至两个半月内不能出动，并且无法进入朝鲜境内掩护志愿军作战。

10 月 12 日，彭德怀接到毛泽东发来的急电，让志愿军原地训练，暂时不要出动，并召其回京商议。

10 月 13 日，远在莫斯科的周恩来得到毛泽东的指示："与高岗、彭德怀二同志及其他政治局同志商量结果，一致认为我军还是出动到朝鲜为有利。……总之，我们认为应当参战，必须参战。参战利益极大，不参战损害极大。"

10 月 14 日，毛泽东再次致电周恩来，明确志愿军入朝作战的方针和部署。

当斯大林得知中国已决定出兵后极为感动。他当然清楚，中国这么做将会付出多么大的牺牲。

10 月 15 日，平壤告急，毛泽东命令志愿军最迟 19 日开始渡江。

10 月 16 日，彭德怀等召开志愿军师以上干部动员大会。

10 月 17 日，毛泽东命令志愿军先头两个军准备于 19 日出动。

知识拓展

请求苏联空军支援志愿军入朝作战

在决定出兵朝鲜之前，中苏曾初步协商，中国如果出兵援朝，苏联便出动空军支援志愿军地面部队作战。然而，1950 年 10 月 8 日，当周恩来秘密访苏协商落实方案时，苏联领导人斯大林却反悔了，只答应派遣空军到鸭绿江北岸的中国境内驻防，不进入朝鲜境内，而且是在两个月至两个半月后。

10 月 19 日，志愿军在没有苏联空军支援的情况下毅然入朝。一周后，苏联决定派空军从 11 月 1 日开始在中朝边境鸭绿江地区上空与美国空军作战。从 1951 年第二季度开始，苏联空军秘密出动至朝鲜境内清川江以北地区，担负掩护铁路运输和后方目标的作战任务，并发挥了重要作用，直到朝鲜战争结束。

四 志愿军全部出动，秘密跨过鸭绿江

改变计划，以利歼敌

彭德怀于 10 月 11 日到达安东后，由第 40 军军长温玉成陪同视察了部队战备情况，并且察看了连接中朝两国的大铁桥——鸭绿江大桥。

彭德怀原计划先派两个军作为一梯队过江，顶住敌人后，再出动两个

军。但如果大桥被炸，后续部队怎么能及时过江呢？于是，彭德怀发电报向毛泽东请示，提出要将部队全部集结江南，改变计划，以利歼敌。

在中国人民志愿军即将入朝之时，朝鲜人民军的主力仍被隔断在朝鲜半岛南部，正向三八线以北转移。朝鲜劳动党和政府为了保存力量，正组织党政机关和部队向新义州、江界方向实施战略退却，并将临时首都迁至江界。

此时，侵朝“联合国军”总兵力已达 44 万余人，拥有作战飞机 1100 余架、各型军舰 200 余艘。在麦克阿瑟率领下，“联合国军”地面部队大举向北进攻，以师甚至以团或营为单位分路向中朝边境高速推进。朝鲜战局呈现异常紧张的状态。

在这种态势下，毛泽东复电同意彭德怀的请示，做出了将 12 个师 26 万多人全部集结于鸭绿江南岸的果断决定，从而奠定了志愿军入朝作战旗开得胜的基础。

雄赳赳、气昂昂，跨过鸭绿江

10 月 16 日，彭德怀等召开志愿军师以上干部动员大会，明确指出：“敌人进攻，我们要把他顶住，不使他前进；发现敌人的弱点，即迅速出击，深入敌后，坚决消灭之。”

18 日 21 时，毛泽东电令第 13 兵团司令员兼政治委员邓华等人：“四个军及三个炮师决按预定计划进入朝北作战，自明十九晚从安东和辑安线开始渡鸭绿江，为严格保守秘密，渡河部队每日黄昏开始至翌晨四时即停止，五时以前隐蔽完毕并须切实检查。”

10 月 19 日黄昏，在苍茫的暮色里，志愿军从驻地向江边集结。26 万大军，包括第 40、39、42、38 军和 3 个炮兵师，分别同时在安东、长甸河口和辑安 3 个鸭绿江渡口开始跨过鸭绿江，进入朝鲜。抗美援朝的

大幕就此拉开。

炮兵第 1 师第 26 团 5 连指导员麻扶摇写了一首出征诗：

雄赳赳、气昂昂，跨过鸭绿江。
保和平、卫祖国，就是保家乡。
中华好儿女，齐心团结紧。
抗美援朝，打败美帝野心狼！

这首诗反映了志愿军全体指战员的心声，后来由作曲家周巍峙谱曲，成了唱遍全军、传遍全国的《中国人民志愿军战歌》。

五 抗美援朝第一仗，旗开得胜

“联合国军”向北冒进

1950 年 10 月 15 日，美国总统杜鲁门飞抵太平洋上的威克岛，同“联合国军”总司令麦克阿瑟进行会谈。麦克阿瑟向杜鲁门报告朝鲜战场的战况，认定金日成军队无法抵挡，中国或苏联出兵朝鲜的可能性极小，朝鲜战争将在感恩节（11 月 23 日）前全部结束。杜鲁门对此表示认同。

10 月中旬以后，美军加快了向北进攻的速度。麦克阿瑟原计划在西线（太白山脉以西）占领平壤、东线（太白山脉以东）占领元山后，两线部队东西对进，会合后再向北推进。至 19 日，“联合国军”在东线和西线先后占领咸兴、平壤。

随后，被胜利冲昏头脑的麦克阿瑟改变原定作战计划，命令东西两线部队以最快速度向北推进，企图实现在感恩节前占领全朝鲜的目标。所有的“联合国军”士兵都深信战争就要结束了。

美军骑兵第 1 师的官兵称，他们将于感恩节那天佩戴明亮的黄色骑兵领结漫步在日本东京的广场。很多官兵都在公开讨论战后如何到日本采购圣诞节礼物。

10 月 24 日，麦克阿瑟下令取消了对非南朝鲜军向北前进的限制，这就为编入大量南朝鲜军的美第 8 集团军挺进鸭绿江开了绿灯。

与此同时，志愿军仍在紧张且隐蔽地进入朝鲜，主力部队离预定开赴的地区相距尚远。由于朝鲜半岛北部山高路窄，加上美军飞机袭扰，志愿军前进速度较慢，除第 40 军先头 2 个师和第 42 军一部进到北镇以东、云山以北即将接近敌人外，其他各军距敌人尚有 20~50 千米。

知识拓展

驻日美军与“联合国军”总部

1945 年 8 月，美军以盟国占领军的名义占领日本，成立了“盟军最高统帅总司令部”，全面控制日本内政。1950 年 6 月朝鲜内战爆发后，美国加速变日本为侵朝战争的基地，在日本东京设立“联合国军”总司令部（1957 年 7 月移至南朝鲜汉城），盟军最高统帅麦克阿瑟出任“联合国军”总司令，从美国本土和日本调集美军入朝，指挥部队在朝鲜作战。

1951 年，日美签订了《日美安全保障条约》。该条约规定：日本允许美国在日本驻扎陆海空军；驻日美军为维护远东和平与保障日本的安全，应日本请求，可以用武力镇压内乱和暴动，以及对付外来的武力攻击；美军驻扎日本的条件依照日美两国间的行政协定执行。

决定在运动中歼敌

按照出兵前中央军委确定的第一期作战设想，志愿军渡过鸭绿江后秘密向龟城、泰川、球场、德川、五老里一线开进，先在此线组织防御，稳定战局，掩护朝鲜人民军北撤整顿，待装备、训练完毕再组织反攻。

然而，10 月 20 日“联合国军”已抵近或进至志愿军预定防御地区，志愿军已不可能按原定计划在预定地区组织防御。但“联合国军”未发现志愿军入朝，仍大胆前进，兵力逐渐分散，东西线部队之间敞开了 80 余千米的缺口，西线南朝鲜军第 2 军团态势突出，给了志愿军可以在运动中各个歼敌的有利战机。

21 日，毛泽东审时度势，当机立断，电示志愿军改变原定计划，立即部署歼灭冒进的南朝鲜军几个师。“现在是争取战机问题，是在几天之内完成战役部署以便几天之后开始作战的问题，而不是先有一个时期部署防御然后再谈攻击的问题。”

彭德怀过江后，在去与金日成见面的途中，随行的电台车掉队，此时与中央和第 13 兵团均无法联系，直至 10 月 21 日下午，电台车才到达大榆洞与彭德怀会合。收到毛泽东指示电报后，彭德怀迅速调整部署，放弃了原定在平壤、元山一线以北至德川、宁远公路线以南地区组织防御的设想，转而立即部署第一次战役。

23 日，毛泽东经过分析，以及与彭德怀电报联系所了解的战局形势，确定志愿军在朝鲜作战的总方针是“在稳当可靠的基础上争取一切可能的胜利”。

入朝第一战的基本方针已经确定，但彭德怀与各军、各师仍然无法联系上。下一步紧要的就是让第 13 兵团的各军将领赶到大榆洞共同商讨具体的战役部署。

知识拓展

入朝失联 48 小时的彭德怀

1950 年 10 月 19 日，彭德怀不顾危险带上秘书、通信处处长以及 4 个警卫员，乘坐吉普车先于志愿军大部队从安东大桥跨过鸭绿江，与金日成接洽。彭德怀过江后，随行的电台车却在途中意外掉队，此时的彭德怀与中央和第 13 兵团均无法联系。21 日上午 9 时，他与金日成在朝鲜半岛北部昌城郡的大洞村会面。直至 21 日下午，电台车才安全地与彭德怀会合，中间失去联系达 48 小时。23 日晚，第 13 兵团顺利过江。24 日中午，彭德怀与第 13 兵团部在大榆洞会合。

24 日，在敌人的炮火声越来越近时，志愿军第 40 军第 118 师终于第一个赶到。这时的师长邓岳还不知道自己的部队将会成为整个志愿军的前锋，并打赢抗美援朝的第一仗！彭德怀看到温井附近地形险峻，特别适合打伏击，便亲自向邓岳交代：现在敌人到处乱窜，情况很危急，你师赶快去温井以北占领有利地形，埋伏起来，形成一个口袋，大胆把敌人放进来，然后猛冲猛打，狠狠打击一下敌人的气焰，掩护我军主力集结展开。

24 日晚，邓华和洪学智等第 13 兵团领导也相继抵达大榆洞与彭德怀会合。

25 日，根据中央军委和毛泽东的指示，彭德怀在大榆洞宣布中国人民志愿军司令部正式成立。

至此，中央军委、志愿军总部，特别是毛泽东、彭德怀根据战场情况和敌情变化，不断调整部署，捕捉战机，修正作战计划，指导志愿军顺利完成了由原定部署防御向在运动中各个歼敌的转变。据此，志愿军最后确定了歼敌部署。

人物档案

邓 岳

1918.12.25—2000.4.10

中国人民解放军少将，湖北麻城人。1936 年加入中国共产党。曾任东北野战军第 3 纵队第 7 师师长，在辽沈战役中指挥部队于新民胡家窝棚，一举打掉廖耀湘兵团指挥部，为战役胜利做出突出贡献。后率部队从东北一直打到海南岛。

新中国成立后，任中国人民志愿军师长、副军长兼参谋长，率部第 118 师渡过鸭绿江，首批入朝作战。于两水洞痛歼南朝鲜军第 6 师，取得了出国作战第一个歼灭战的胜利。参加了抗美援朝战争第一至第五次战役和坚守防御作战。

两水洞遭遇战

1950 年 10 月 25 日，这一天在日本人所编的《朝鲜战争》一书中被称为“命运之日”。当天上午，志愿军第 40 军第 120 师和第 118 师在利洞、两水洞地区分别与向北推进的南朝鲜第 1、6 师部队交战。

10 月 24 日晚，第 118 师师长邓岳率师主力连夜向南挺进，在即将抵达温井的时候，先头团侦察排发现温井已被敌人占领。师指挥部临时调整部署，在温井至北镇公路以北的丰下洞、两水洞、富兴洞地区做好战斗准备。温井至两水洞的公路西侧是九龙江，东侧是茂密的山林，道路平坦开阔，而在接近两水洞时道路变窄，山势更为险峻，浓密的草丛和树林非常适合隐藏打伏击战。第 118 师第 354 团和第 353 团早已提前抢占有利地形，布好口袋，静静地等待敌军到来。

24 日早些时候，按照麦克阿瑟的命令，南朝鲜第 6 师师长金钟五不顾一切地率领部队往前推进，占领了温井。

25 日上午，南朝鲜第 6 师第 2 团先头第 3 营以汽车搭载步兵开路，前面的侦察尖兵既不下车搜索，也不火力侦察，推进速度很快，一直闯到了第 118 师指挥部附近。这让没及时得到消息的指挥部吓了一跳，正在休息的师长邓岳连棉裤都没来得及穿就赶紧跑到阵地指挥战斗。

此时，南朝鲜第 3 营已全部进入志愿军第 118 师预设的伏击圈，这个口袋可以收口了。第 118 师主力立即采取拦头、截尾、斩腰的战法发起进攻。第 354 团依托有利地形对敌行军纵队侧翼展开猛烈攻击，第 353 团主力从第 354 团右翼出击，以配合第 354 团战斗。

南朝鲜军遭受突然打击后立时陷入混乱。志愿军的 2 个团冲下公路，穿插分割，将敌军截成 3 段。跟进的南朝鲜第 2 团主力则遭到第 354 团 4 连的坚决阻击，无法前进一步。激战 5 小时后，志愿军第 118 师主力全歼南朝鲜第 6 师第 2 团第 3 营另 1 个炮兵中队，取得了志愿军出国作战第一个歼灭战斗的胜利。

先遣团云山阻击

在两水洞战斗的同一天，另一场战斗也在云山至温井的公路上打响了。

作为第 40 军的先遣团，志愿军第 120 师第 360 团入朝后日夜兼程，赶到云山东北附近，抢在南朝鲜军先头部队前面占领了阵地。战士们没来得及喘口气，就连夜构筑工事，准备抗击敌军北犯，掩护全军展开战斗。

10 月 25 日早晨 7 时，晨雾刚刚散去，公路上就响起了马达声。南朝鲜第 1 师第 15 团由美军坦克打头阵，乘车来到云山北面玉女峰、朝阳洞附近的桥边。在此占领阵地的志愿军第360团迫击炮、机枪一起开火，一连串汽车被炸毁，很多南朝鲜士兵丧命时嘴里正嚼着苹果。

遭到迎头痛击的南朝鲜军很快从慌乱中缓过神来，在炮火支援下向志愿军阵地展开攻击。志愿军第360团官兵依托仓促构筑的野战工事，顽强抗击两天三夜，坚决不让云山之敌北进一步，有力支援了第40军主力在温井方向的作战。

后来，在纪念中国人民志愿军出国作战一周年之际，经总政治部建议，毛泽东和中央军委批准，把1950年10月25日正式确定为中国人民志愿军出国作战纪念日，这是志愿军第40军全体将士特殊的历史荣誉。

初战获胜之后，25日21时，彭德怀致电中央军委，提出要在第一战役中歼灭敌一两个师，阻止敌人乱窜，稳定人心。毛泽东接到电报后马上回电，赞同抓住战机、分头歼敌的方针。

25日24时，志愿军第118、120师各2个团对温井之敌发起进攻。南朝鲜军四处溃散，志愿军部队仅用2个多小时即攻占温井。

分头歼灭冒进之敌

此时，尽管遭到迎头痛击，骄横的南朝鲜军仍然分兵冒进，其中南朝鲜第6师第7团碰巧从志愿军防线的空隙中穿过，到达距中朝边境只有几千米的鸭绿江边的楚山。

彭德怀立即着手展开部署，歼灭这支冒进的南朝鲜军。南朝鲜第6师第7团发现处境不妙，立即掉头南撤，途中被志愿军第40军第118师包围。熙川以南的南朝鲜军一部立即出动接应该团南撤，与志愿军第40军一部在温井以东地区交战。29日，第40军连战连捷，将这两处南朝鲜军大部歼灭。

只有志愿军第 38 军又一次让彭德怀失望了。该军第 112 师于 28 日进至熙川后，因误报此处有个美国黑人团，迟至 29 日黄昏才开始攻击。当第 112 师冲进熙川时，南朝鲜第 8 师早就逃得无影无踪，仅毙伤俘敌军 19 名，这让彭德怀大为光火。

志愿军大举出击时，麦克阿瑟依然在梦中，虽然得知西线右翼南朝鲜军已经崩溃，但仍对志愿军兵力估计不足，以为中国只是象征性出兵。麦克阿瑟命令后续美军部队继续向中朝边境推进，一门心思想“饮马鸭绿江”。

但号称“斗犬”的美第 8 集团军司令沃克此时感到了一丝面对强手的忧虑，他靠着在第二次世界大战战场上磨炼出的敏锐嗅觉，面对南朝鲜军近日的一溃再溃，果断地将美“王牌军”第 1 骑兵师投入战斗，前往云山接替南朝鲜第 1 师的防地，继续向鸭绿江进攻。

中美王牌对王牌

10 月底，美骑兵第 1 师第 8 骑兵团级战斗队到达云山。该师是美国军队历史上最老的王牌部队，它创建于美国独立战争时期，在两次世界大战中战功显赫，作战中总是担任开路先锋的角色，几乎没吃过败仗，享有“先驱师”和“常胜师”的美誉。虽然早已改为机械化步兵师，但该师一直保留着“骑兵师”的番号，臂章也仍然采用最初的马头图案。这一次它的对手是正在云山周围的志愿军第 39 军部队。

第 39 军前身是徐海东麾下的工农红军第 25 军，后来是八路军第 344 旅的八路军南下支队、新四军第 3 师，曾在抗日战场上杀得日寇闻风丧胆，解放战争期间又从东北一直打到中国西南边陲的镇南关，是第四野战军中的攻坚“尖刀”，具有极强的战斗力，是中国人民解放军中当之无愧的主力军。中美两军的王牌部队即将在云山上演一场有历史意义的大碰撞。

人物档案

吴信泉

1912.3.26—1992.4.2

中国人民解放军中将，湖南平江人。1950 年参加抗美援朝，任中国人民志愿军第 39 军军长、中国人民志愿军西海岸防御指挥部副司令员兼军长，参加了第一至第五次战役，率部在云山战斗中重创美骑兵第 1 师，参与解放平壤，率先攻入汉城。

云山是朝鲜云山郡首府、朝鲜半岛北部交通枢纽，也是北部山区的入口，战略地位极其重要。10 月 28 日，军长吴信泉率第 39 军占领了云山的东北、西北、西南三面的有利地形，以主力第 116 师、第 117 师向云山发起全面进攻。第 39 军根据所掌握的情报，一直以为云山之敌是南朝鲜第 1 师的 2 个团。直到 11 月 1 日，接到志愿军总部的通报才知道美骑兵第 1 师已经进至龙山洞地区。为阻止美军北上增援，吴信泉随即派出有“红军团”之称的第 115 师第 343 团南下，到龙山洞至云山公路上构筑阵地。

云山重创美骑兵第 1 师

11 月 1 日云山地区大雾弥漫，美军刚与南朝鲜军接防，戒备疏忽，稀里糊涂地把进入镇内的志愿军当成了南朝鲜军，还同他们握手。志愿军担任主攻的先头部队第 116 师第 346 团尖刀 4 连将错就错，进至美军一个营的营部前才突然开火。当志愿军发现驻扎在云山的这支部队是美军“王牌师”后，斗志更加昂扬，攻击更加猛烈。美军士兵回忆说：“敌人仿佛腾云驾雾，从天而降，人影模糊不清，他们见人就开枪，甚至用刺刀捅！”由于双方进行近战，美军的优势火力无法充分发挥作用，被迫丢弃大部分重型装备。美军于午夜在坦克的掩护下开始突围。

在突围路上，美军又遭志愿军截击，坦克大多被炸药包炸毁。在美第 1、2 营乘隙逃脱之后，其第 3 营被包围。随即志愿军采取白天隐蔽、入夜发起攻击的战法，向该营连续进行了 2 个夜晚的猛攻。至 11 月 3 日夜间，残敌除个别突围外全部投降。

云山战斗打响后，位于龙山洞的美骑兵第 1 师主力全力向北增援，企图去营救被围美军。刚赶到龙头洞的志愿军第 115 师第 343 团对敌人迎头痛击，作为主攻连的 1 连以勇猛的动作揳入敌阵，仅用 50 分钟即攻占龙头洞，歼灭美骑兵第 1 师第 5 团 1 个连 100 余人，缴获迫击炮 3 门。美军以 10 多架飞机和重炮轮番轰击，投下凝固汽油弹将志愿军阵地化为火海，但第 343 团始终死守不退。前来增援的美骑兵第 1 师第 5 团团长也被一发迫击炮炮弹炸成重伤，被迫放弃北援的企图。

志愿军司令部对第 343 团 1 连予以通令嘉奖，并指出：“从此次作战中，可以看出我军指战员的战斗素养与作战精神比敌人强，我以一个连即能歼美军一个连。”

云山战斗中志愿军共歼灭美军 1800 余人，击毁和缴获坦克 28 辆、各种火炮 119 门，取得了与美军第一次较量的胜利。这一胜利极大地打击了美军的嚣张气焰，也进一步坚定了志愿军的战斗信心。

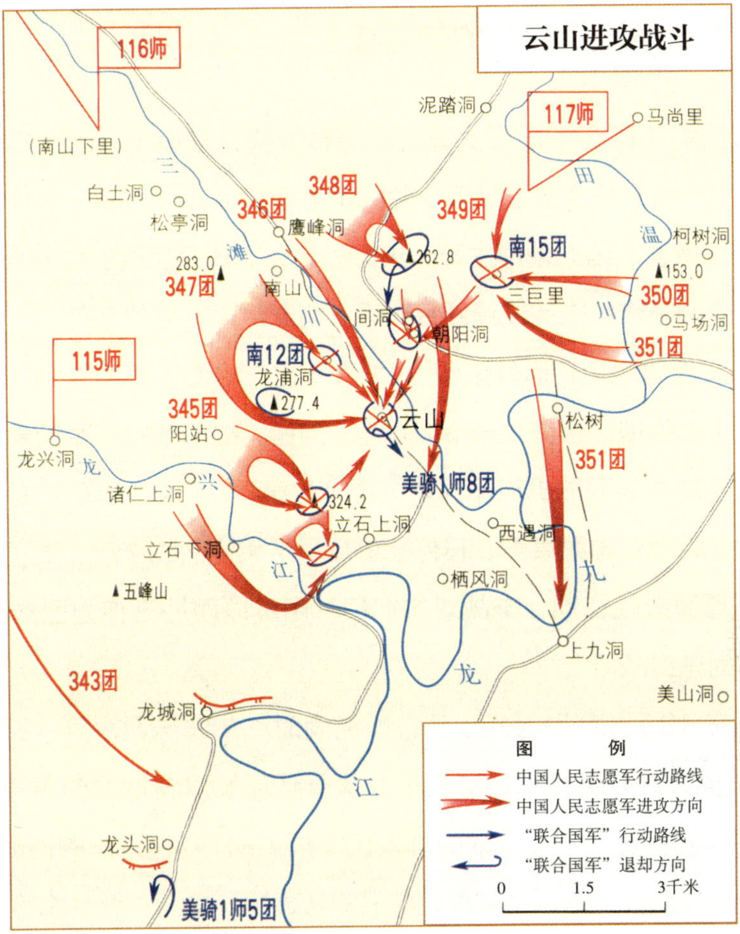

云山进攻战斗作战图

对于这场战斗，日本陆上自卫队干部学校在教材中如此评述：“对中国军队来说，云山战役是与美军的初次交战，对美军的战术特点和作战能力还不十分了解，……尽管如此，他们还是取得了圆满的成功。其主要原因是他们忠实地执行了毛泽东的十大军事原则。对孤立分散的美军集中了绝对优势的兵力进行包围，并积极勇敢地实施了夜间白刃战。”

打赢战争史上少有的遭遇战

美骑兵第 1 师在云山遭受重创的消息令沃克震惊不已。他不顾麦克阿瑟的严令，于 11 月 3 日凌晨下令西线美第 8 集团军在飞机、大炮和坦克的掩护下全线撤退。因对地形生疏，天黑雨大，志愿军第 38 军未能及时攻占军隅里、安州一带，未完成迂回敌侧后、切断敌军联系的任务。

彭德怀当即下令，追歼逃敌。11 月 4 日，志愿军第 39、40 军分别歼灭英军一个榴弹炮营和美军一个加强连。但是，靠两条腿行军的志愿军毕竟跑不过机动能力很强的机械化部队。至 3 日黄昏，“联合国军”主力已全部撤到清川江以南。志愿军于 5 日停止进攻，结束了西线作战。

在志愿军参战初期，交战双方把狼林山脉以西地区称为西线战场、以东地区称为东线战场。

几乎在 10 月 25 日温井战斗打响的同时，东线志愿军第 42 军派出第 124 师先遣队乘坐仅有的 2 辆汽车，紧急赶赴长津湖地区的黄草岭要冲。他们与南朝鲜军赛跑，在当地朝鲜人民军提供的 18 辆汽车的协助运输下，终于比敌人提前一天占领了黄草岭前沿的松茸洞、水洞、烟台峰等重要咽喉要地，为师主力部队赶到黄草岭创造了有利条件。

为了完成作战任务，第 42 军提出：“据险坚守，与敌决一死战，把黄草岭、赴战岭变成敌军的鬼门关，除了敌人游魂和俘虏外，一个敌人也不准越过。”在黄草岭的南大门 296.5 阵地，第 124 师第 370 团第 2 营 4 连血战三天三夜，多次与敌人展开白刃格斗，打垮了美第 24 师以及南朝鲜军精锐的“白虎团”20 多次进攻，歼敌 260 多人。全连阵亡 14 人，伤 26 人，以较小损失打了个漂亮仗，完成了阻击的任务，被上级授予“黄草岭英雄连”光荣称号。

负责守备烟台峰阵地的是该师第 371 团第 2 营 4 连，这个连与强悍的美海军陆战第 1 师一部激战 5 个昼夜，死战不退，连长等指挥员先后牺牲，全连只剩下 19 名战士。危急时刻，司号员张群生挺身而出，高喊：“我代理连长，大家跟我来！”在嘹亮的军号声中，他们爬出阵地把敌人打了下去，最后全连仅剩 8 人，却仍坚守着阵地。此战过后，第 371 团 4 连被上级授予“烟台峰英雄连”光荣称号，司号员张群生荣立一等功。

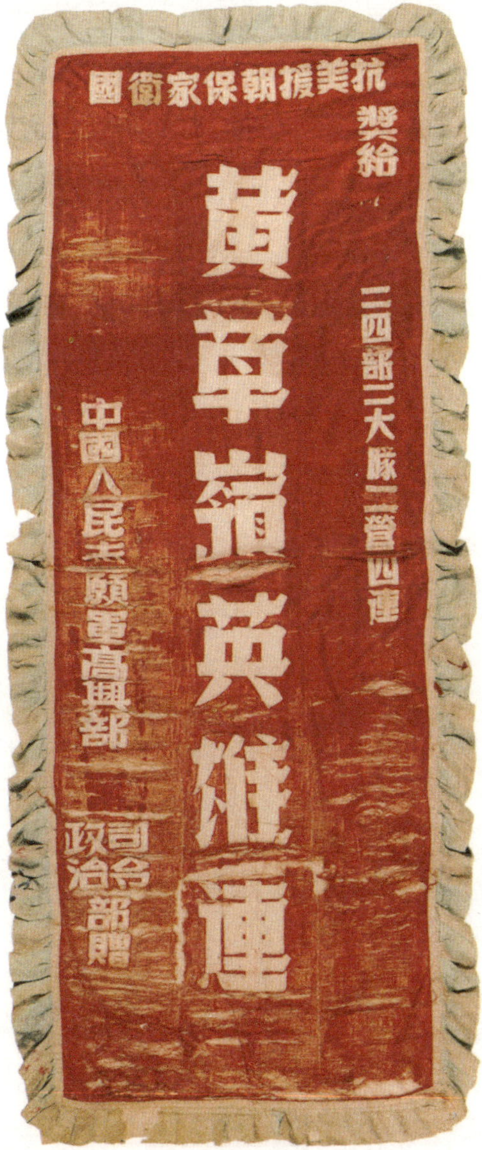

“黄草岭英雄连”奖旗

第 42 军在黄草岭血战 13 天，打出了 2 个英雄连，在整个抗美援朝战争中都是罕见的。11 月 7 日，第 42 军完成阻击任务，主动撤出黄草岭以南阵地。

第一次战役，志愿军将“联合国军”从鸭绿江边击退到清川江以南，毙伤俘敌 1.5 万余人，粉碎了“联合国军”在感恩节前占领全朝鲜的计划，初步稳定了朝鲜战局，为以后作战创造了有利条件。此次作战中，志愿军伤亡 1 万余人。

第一次战役的胜利关键在于正确的战略指导。中央军委、毛泽东和彭德怀能够根据战场情况及时修正作战方针，扬己之长，击敌之短，抓住了“联合国军”东西两线分兵冒进以及互不联系的弱点，确定了东线阻击、西线进攻的总体策略。志愿军以战略上的后发制人和战役的突然性给予冒进至鸭绿江的敌人以迎头痛击，打赢了这场“世界战争史上少有的遭遇战”。

第二章

东西线重创美军

一 诱敌深入，各个击破

美国当局被搞糊涂了

1950 年 11 月上旬，朝鲜半岛的北部山区降下了进入冬季后的第一场雪，气温明显下降。自志愿军 10 月 25 日开始作战后，战场形势已经发生了微妙的变化。经过第一场短暂而激烈的较量，战争双方都在调整部署，酝酿新的作战方案。

自 10 月 19 日美第 8 集团军攻克平壤之后，有关中国志愿军越过鸭绿江的消息就一再地传到日本东京的“联合国军”司令部。麦克阿瑟相信，中国是派出志愿军参战了。不过他和情报处处长威洛比根据各种情况判断，这些中国志愿军参战的人员大约 1 万 ~2 万人，对“联合国军”构不成威胁。

然而，到了 11 月 2 日，威洛比一向乐观的态度却突然来了个 180° 大转弯，他在《每日情报综述》中写道，从“联合国军”所受到的日益增强的抵抗来看，中国的介入已经成为迫在眉睫的严重威胁。他判断，志愿军总兵力可能为 3.4 万人，其中有 1.65 万人已与“联合国军”进行了交战。

威洛比的报告在华盛顿炸开了锅，美国五角大楼的决策者对中国出兵朝鲜的意图更是迷惑不解。参谋长联席会议主席布莱德雷后来承认，当时既搞不清中国向朝鲜实际投入了多少部队，也不知道中国可能的军事目标是什么。

杜鲁门被各部门提出的报告和建议搞得无所适从，决心难下。于是，他命令参谋长联席会议给麦克阿瑟发电报，要麦克阿瑟就朝鲜战局和中国出兵意图做出判断。

11 月初，对美军来说，更坏的消息接踵而至，美第 8 集团军司令沃克中将和美第 10 军军长阿尔蒙德少将都向麦克阿瑟报告，美军部队在向朝鲜半岛北部边境挺进时遇到了有组织的中国志愿军的抵抗，开始遭受伤亡。到这时，麦克阿瑟依然不相信中国敢于冒和美国进行全面战争的危险，以实力尚弱的国力介入朝鲜战争。他宁愿相信，中国“唆使”一些志愿人员越过鸭绿江，无非是想帮助朝鲜的残余部队在朝鲜设法保留一个名义上的立足点，至于那些夜间从鸭绿江桥上开过来的汽车，肯定是在给朝鲜的军队输送增援物资。

麦克阿瑟认为应该乘胜追击，迅速向鸭绿江一线进攻，阻止朝鲜人在中国人的帮助下建立防御堡垒，不给他们重整旗鼓的时间。

11 月 4 日，麦克阿瑟回电安抚华盛顿，认为中国大举帮助朝鲜未必真实，一切情况尽在掌握之中。见到前线司令官如此自信，杜鲁门和参谋长联席会议的军事长官都松了一口气。

麦克阿瑟判断失误

然而，麦克阿瑟很快收到了前线告急电报。沃克报告说，他所统率的美第 8 集团军在清川江以北遭遇到中国军队的突然袭击，南朝鲜第 2 军团、美骑兵第 1 师等部队损失惨重，美第 24 师和英第 27 旅的部队都遇到了中国军队的阻击。鉴于此种危急情况，为保护部队、避免伤亡，他已下令将部队撤至清川江以南。

阿尔蒙德报告说，美陆战第 1 师和南朝鲜第 1 军团在长津湖和赴战湖以南的险峻山地遭到中国军队的强烈抵抗，激战数日无进展，部队伤亡严重，难以按预定计划迂回江界并与第 8 集团军会合。

麦克阿瑟当即于 11 月 5 日下令轰炸鸭绿江大桥，阻止更多的中国志愿军入朝，同时切断已入朝的中国志愿军的补给线。

当美国军方高层得知麦克阿瑟的轰炸计划时，距离麦克阿瑟要求的轰炸时间只剩 3 个小时了。双方爆发激烈争吵，最后闹到去总统那里裁决。

杜鲁门含混不清地指示："同意轰炸但应推迟，除非这样做会危及美国军队的安全。"

不愿完全承担责任的参谋长联席会议主席布莱德雷只好"甩锅"给麦克阿瑟，回电说："我们授权你按照你的计划，轰炸朝鲜边境，包括新义州的目标和朝鲜这一头的鸭绿江桥。"

麦克阿瑟被授权仅能轰炸桥梁的"朝鲜一端"，感到有些缩手缩脚。11 月 8 日，美国远东空军的全部 90 架 B-29 战略轰炸机和远东海军所属的舰载航空兵倾巢出动，对鸭绿江上的所有桥梁和鸭绿江至清川江地区的各类目标进行毁灭性轰炸。

11 月 9 日，美国国家安全委员会召开会议以决定在朝鲜的政策。经过一番冗长的讨论，会议最后得出结论：给麦克阿瑟的训令不应改变。除轰炸中国东北以外，麦克阿瑟在军事上可以相机行事。

麦克阿瑟终于得到几乎可以在朝鲜为所欲为的大权，他立即决定："我计划 11 月 15 日发起总攻势，目标是进至鸭绿江，占领全朝鲜。"他的自信和傲慢最终影响了美国的决策。正如国务卿艾奇逊后来所说："（美国）政府失去了制止在朝鲜走向灾难的最后机会。"

艾奇逊说："我们没有一个人，包括我自己曾向总统提供过正确的意见。我们优柔寡断、迟疑不决、判断失误，失去了使战争保持正确方向的时机。”布莱德雷后来也承认，在 1950 年 11 月初的重要日子里，“我们翻阅了材料，坐下来仔细思考，但不幸的是我们做出了荒谬绝伦的结论和决策”。

巩固胜利，准备再战

初战获胜，无论是位于北京中南海的领袖还是朝鲜前线的志愿军将领都仍然保持着清醒的头脑。在第一次战役的日日夜夜里，毛泽东在半个多月里睡眠极少。他每天都要批阅大量以最快速度送来的前线电报和来自各方面的情报材料。

战场上的情况瞬息万变，毛泽东要根据各方面的情况进行分析，并快速做出决断，指导前方作战。到 11 月初，战场捷报传来，志愿军初战获胜。对于出国作战的志愿军来说，第一仗打赢了标志着志愿军入朝后已经初步站稳了脚跟，寝食不安的毛泽东这才松了一口气。

然而，整个战场形势并未发生大的改变，东线美第 10 军指挥的美军和南朝鲜军仍在继续猛烈进攻。虽然西线美第 8 集团军指挥的美军、英军和南朝鲜军的个别部队遭到歼灭性打击和重创，但整体力量并未受到大的损伤，主力窜至清川江以南稍做整顿后，便以侦察试探为目的恢复了进攻行动。

此外，麦克阿瑟仍在向第一线增调兵力，并且美国空军对鸭绿江地区开始了猛烈的轰炸。因此，对志愿军来说，整个战场形势仍然是严峻的，目前的任务是要粉碎“联合国军”的再次进攻和扭转朝鲜战局。

彭德怀在第一次战役结束前的 11 月 4 日给毛泽东致电，提出了志愿军下一步作战的基本设想。他判断“联合国军”可能重新组织进攻，提出了巩固胜利、克服当前困难、准备再战的方针，如敌再进，让其深入后歼击之。

5 日，毛泽东回电同意："以诱敌深入寻机各个歼敌为方针。"

毛泽东还对战场位置做了设想，认为第二次战役最理想的战场仍是在朝鲜半岛的蜂腰部铁路线以北地区，如果战场南移到蜂腰部则对志愿军不利。铁路线以北是崇山峻岭，有利于志愿军夜战、近战和实施战役迂回，切断敌人后路，可以趋利避害，对付美军的现代化装备。所以，要争取在元山、顺川铁路线以北区域开辟一个战场，在该区域消耗敌人的兵力。

飞虎山阻击战

在志愿军总部的巧妙指挥下，担任诱敌深入任务的志愿军各部一开始就对进攻的敌军展开了顽强阻击，在飞虎山、德川等地还进行了激烈的争夺战。

飞虎山位于清川江畔，俯瞰价川、军隅里，地势险要。志愿军第 38 军第 112 师攻占此地后，截断了敌军从平壤通往满浦的公路，直接威胁到了美第 8 集团军战线的核心——安州。于是，南朝鲜第 7 师和美第 2 师立即进行反扑。南朝鲜军和美军在密集炮火和飞机的支援下，每日以 1~3 个团轮番进攻，炸弹将志愿军阵地炸成松土，凝固汽油弹将山丘烧成一片火海。

志愿军第 112 师第 335 团坚守阵地，以"人在阵地在"的精神与敌军反复争夺阵地，以顽强的防御顶住了敌军的猛烈进攻。附近的朝鲜群众自发地组织起来为志愿军送饭、送水。一位朝鲜老人还赋诗一首："飞虎山上万虎飞，成仁取义英名垂。血洒朝鲜金碧土，中朝友谊共日辉。"盛赞志愿军官兵英勇作战的功绩。经过 5 天的激烈争夺，第 335 团共击溃敌军百余人以上的攻击 57 次，牢牢地守住了阵地。

与此同时，从 11 月 5 日开始，在德川地区，志愿军第 42 军第 125 师坚决阻击南朝鲜第 8 师的进攻，第 39 军第 117 师、第 40 军第 119 师也以一部分兵力坚决阻击进攻博川、宁边的敌军，东线第 42 军部队则在黄草岭以北地区坚决阻击美陆战第 1 师。

在志愿军第一线诱敌部队的顽强阻击下，至 11 月 8 日，西线美第 8 集团军部队始终未能前进一步，东线长津湖地区的美陆战第 1 师也步履艰难。“联合国军”总司令麦克阿瑟严令各部加紧进攻，迅速向进攻出发线推进。

鉴于敌军主力正在进行战役展开，并被志愿军各阻击部队所吸引，11 月 9 日，志愿军总部命令第 125 师继续坚守德川阵地，在西线清川江地区阻击的其他各部均后撤一步，诱敌前进，继续阻击。

第二次战役悄然谋划

11 月 9 日，毛泽东再次指出：志愿军应争取在一个月内，东西两线各打一两个仗，歼敌七八个团，将战线推进至平壤、元山一线，以利于长期作战。为贯彻落实毛泽东的战略思想，11 月 13 日，志愿军党委举行扩大会议，彭德怀亲自请各军军长和政委到志司[①]作战室，总结第一次战役的经验教训，布置第二次战役。

会上，彭德怀毫不留情地严厉批评了初战中多次未能抓住战机的第 38 军，并决定把仍旧轻敌冒进的敌军诱进布置好的口袋，各个击破。

对于初战胜利后志愿军不进行追击、反而后撤的原因，彭德怀在会上进行了解释，主要是为了避免暴露志愿军的力量，并且增加敌人的错觉，便于诱敌深入。会上，志愿军决定：“在我军空军、炮兵、坦克尚未得到适当组成前，我们仍采取运动战、阵地战、游击战相结合，内线和外线相结合的方针。”同时彭德怀还提出：“如果敌人不进来，我们只有打出去。”他还具

① 志愿军司令部的简称。

体提出了两个办法：一是围点打援，调动敌人；二是集中第 38、42 军从德川插入敌后。

为配合彭德怀的诱敌行动，毛泽东在第一次战役后让新华社以“朝鲜半岛北部某地”的名义在国内发表一则简短的消息：“在中国人民志愿部队参加下，11 天朝鲜人民军歼敌 6000 人，收复广大地区。”这条新闻鼓舞了国内人民，同时为了迷惑麦克阿瑟而大大缩小了战果。

但是，美第 8 集团军司令沃克对前次战役中因分散冒进而遭受的打击心有余悸，虽然在麦克阿瑟一再督促下，下达了总攻开始、全线推进的命令，并训令各部在北进中要密切保持与友邻的协同，避免孤军冒进，一旦遇到中国军队的主力或顽强阻击，立即就地转入防御。

至 11 月 16 日，西线美第 8 集团军仅向北推进了 9~16 千米，南朝鲜第 1 师、英第 27 旅、美第 24 师、美第 2 师、南朝鲜第 7 师和第 8 师等各师主力仍位于新安州至军隅里清川江两岸及东至德川地区。而东线的美陆战第 1 师则平均每天只推进 1.6 千米，始终在下碣隅里、古土里地区徘徊。面对这种情况，彭德怀断然下令：再主动后撤十几公里，放弃一切形式的阻击、反击，大步后撤。

从 11 月 17 日起，志愿军在东西两线均与“联合国军”部队脱离接触，大举后撤。在此过程中，志愿军玩起了“示弱于敌”的看家本领，故意在阵地上和道路旁丢弃部分装备和衣物，制造“狼狈撤逃”的假象。同时，有意向被释放的美军战俘透露消息，说志愿军部队粮食供应困难，准备撤回国内。

麦克阿瑟见到志愿军的后撤行动，更加坚定了志愿军是“怯战退走”的错误判断，他估计在朝鲜的志愿军只有 6 万 ~7 万人，并不是不可侮的力量，这些军队没有得到很好的补给，补给困难和寒冷的天气可能是他们撤退的原因。错误的判断导致了错误的行动，麦克阿瑟又开始盲目冒进了。

大肆宣扬的“圣诞节攻势”

11 月下旬，狂妄自大的麦克阿瑟命令“联合国军”继续大举北进。他是如此轻敌，以至于中国方面甚至仅靠收听美国、日本、南朝鲜的广播就可以大致知道哪支敌军已到何处，目的地是哪里。而中国的保密工作做得如此之好，以至于停战 30 年以后，美日军界的主流看法还是，率军入朝作战的是林彪、黄永胜。

在西线，美第 8 集团军的畏惧心理几乎烟消云散。在麦克阿瑟的催促下，从 11 月 18 日开始，沃克命令部队加速前进。在东线，美第 10 军的情报官员认定第 10 军当面的中国军队最多只有 1~2 个师，并且未来的作战形式将只能是“纯粹的防御性质”。因此，麦克阿瑟宠信的美第 10 军军长阿尔蒙德唯恐被沃克抢了头功，也驱使各部快速北进。

11 月 21 日，西线“联合国军”已进至“攻击出发线”，完成了战役展开。这一天，美第 7 师第 17 团进至鸭绿江边的惠山镇，这是美军到达中朝边境的第一支也是唯一的一支部队。

麦克阿瑟立即为此给美第 10 军军长阿尔蒙德发电祝贺：“告诉巴大维，第 7 师已拔得头筹。”阿尔蒙德也给师长巴大维发去了贺信，并专程赶到惠山镇，以惠山对岸的中国为背景，与巴大维等第 7 师军官合影留念，显示“胜利”。

24 日上午，喜欢在前线出风头的麦克阿瑟乘专机来到清川江边。在美第 9 军军部回答在场的美国《时代周刊》记者提问时，他充满自信地说：“圣诞节前让孩子们回家！”当日，麦克阿瑟发表第 12 号新闻公报，介绍朝鲜战争形势和他准备在年底结束朝鲜战争的计划，并公布了他的“圣诞节攻势计划”。

在西线，美第8集团军指挥美军2个军和南朝鲜1个军团共24.1万余人，进至嘉山、龙山洞至德川、宁远一线；在东线，美第10军指挥美军和南朝鲜军5个师共10.3万余人，进至长津湖地区。两路部队计划发起钳形总攻，全面向中朝边境的鸭绿江和图们江推进，企图消灭在朝鲜境内的所有志愿军和朝鲜人民军，并在圣诞节前结束整个朝鲜战争。

此时，“联合国军”总兵力为55.33万余人，其中地面部队42.33万余人，空军5.5万余人，海军7.5万余人。

25日，美国各大报刊刊出的标题是“麦克阿瑟将军保证圣诞节前结束战争”“圣诞节士兵可以回家”“胜利在望——圣诞节不远了吗?”，等等。

“圣诞节攻势”这一战役的名称从此有了讽刺的意味。在世界战争史上，没有哪一个军事指挥官会在进攻前公开宣布自己的进攻计划，就像公布旅游计划一样。英国报刊说，大肆宣扬这次进攻，显然是一种最奇特的打仗方式。

完成了反击准备

11月24日，志愿军制订了最后的战役计划，决定采取“内线作战、诱敌深入、各个击破”的方针，打一场彻底扭转朝鲜战局的大战。此时，志愿军部队已全部进至预定的集结位置，完成了反击作战的准备。

志愿军部队西线第50、66、39、40、38、42军主力分别进至定州西北、龟城、泰川、云山、德川以北、宁远东北地区。东线第9兵团第20军主力位于柳潭里以西及西北地区，第27军进至旧津里地区，第26军进至厚昌江口地区。

志愿军一线作战总兵力为9个军共30个师38万余人，其中西线6个军18个师23万余人，东线3个军12个师15万余人。

可以看出，敌我总兵力对比，“联合国军”占有优势。但一线作战兵力对比，志愿军则在东西两线均占有优势。当时志愿军判断，西线“联合国军”一线作战兵力为13万余人，志愿军占有比“联合国军”多1.77倍的优势，而东线“联合国军”一线作战兵力为9万余人，志愿军占有比“联合国军”多1.67倍的优势。

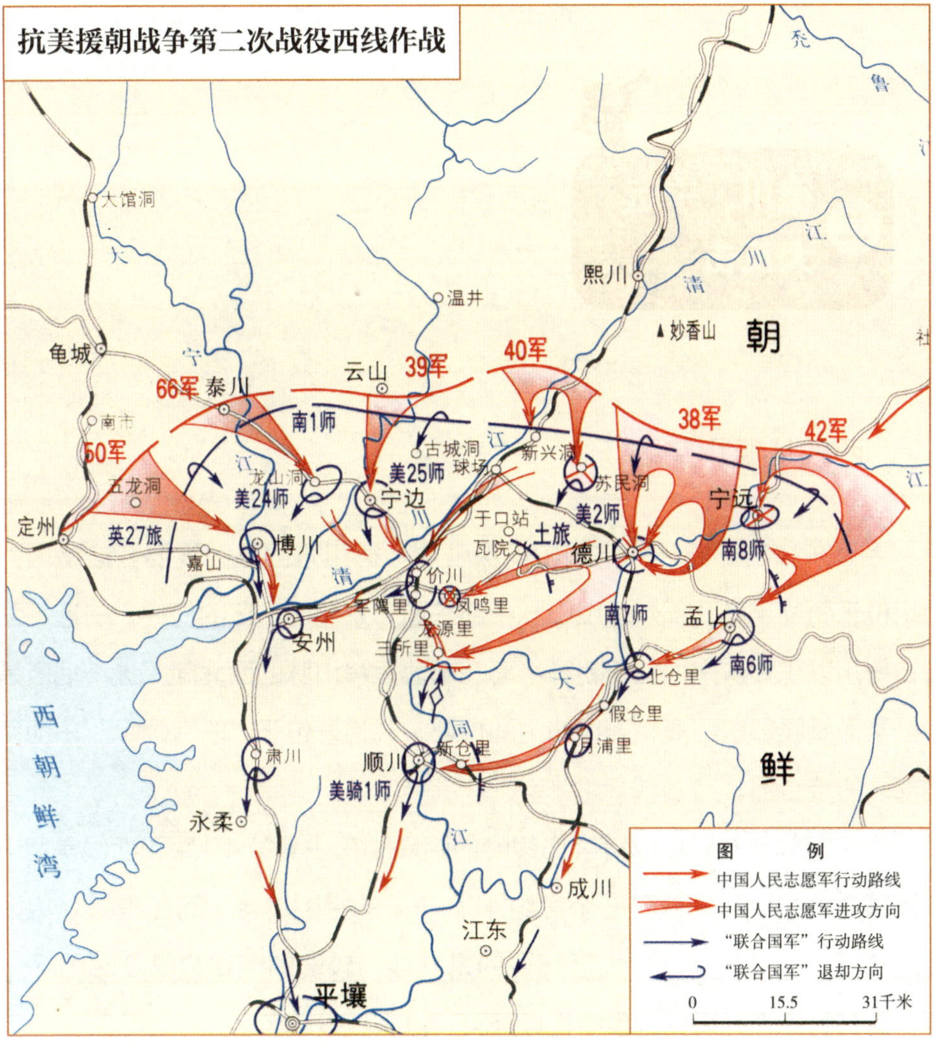

第二次战役西线作战示意图

就在此时，一个难以挽回的损失发生了。11 月 25 日清晨，毛泽东的长子、志愿军司令部参谋毛岸英在大榆洞美军空袭中被炸牺牲，让彭德怀痛心不已。毛岸英牺牲的电报当天就传回了国内，周恩来担心影响正指挥作战的毛泽东的情绪，直到 1951 年 1 月 2 日才告知毛泽东。毛泽东得知消息后长叹一声说：“牺牲的战士有成千上万，无法只顾及此一人，事已过去，不必说了。”

二 德川、宁远大反击

西线从德川突破

毛泽东在给彭德怀的电报中多次强调，德川方面甚为重要。这是因为德川位于朝鲜半岛北部妙香山山脉中部东麓，是北部山区的门户。宁远、孟山在德川以东和东南，位于朝鲜半岛北部北大峰山脉的西北麓。这一地区是朝鲜半岛蜂腰部东西海岸连线的中间位置，并恰好位于“联合国军”东西两线部队的接合部。

由于朝鲜赴战岭山脉等崇山峻岭的阻隔，东线美第 10 军和西线美第 8 集团军在德川以东形成了一个宽约 130 千米的空隙地带。而在美第 8 集团军的布局中，德川、宁远地区部署的是战斗力较弱的南朝鲜第 2 军团 2 个师，这有利于志愿军在进攻中将其歼灭，打开战役缺口。

那么，要把突击德川的任务交给哪支部队呢？经过慎重考虑，彭德怀和韩先楚选择了第 38 军，“好鼓须用重锤”，他们相信第 38 军经过挫折的磨砺，还是善打硬仗的主力部队。于是，韩先楚亲临第 38 军，将最重要的任务交给了这支刚挨了批的部队。

对于打德川，第 38 军军长梁兴初已经有了一个大胆的作战计划：从南朝鲜第 2 军团第 7、8 师的接合部插进去，包围德川的敌人。第 113 师经德川以东至德川南面的返回峰，而后由南向北进攻；第 112 师经德川以西至云松里，由西向东进攻；第 114 师正面进攻德川。经请示彭德怀后，韩先楚同意了第 38 军的计划。

11 月 24 日夜，在大战爆发的前一天，第 38 军派出侦察先遣队向敌后奇袭，由军侦察科科长张魁印、第 113 师侦察科科长周文礼带队，从全军挑出 300 多名出类拔萃的侦察兵，还有英语和朝鲜语的翻译人员以及朝鲜向导，随身携带爆破器材和炸药，乘着暗夜迅速出发。在过大同江时，大桥已经被美军炸毁，先遣队找到了朝鲜人民军撤退时在江上修的一条藏在水面下的“水中桥”，在南朝鲜士兵眼皮下大摇大摆地轻松过江。

先遣队是从南朝鲜军 2 个师的接合部穿过的，一路十分凶险，几次与南朝鲜军的车队擦肩而过，南朝鲜士兵竟然毫无察觉。有时先遣队甚至就从敌人的游动哨兵旁边经过，这些南朝鲜士兵分不清敌我，居然还很有礼貌地给先遣队让路。在经历了传奇般的行军后，先遣队连续行军作战 40 小时，付出仅 1 人阵亡的代价，终于在 26 日上午 7 时 50 分将德川敌人逃跑的必经之路——武陵里大桥彻底炸毁。这次巧妙的行动后来被拍成了家喻户晓的电影《奇袭》。

25 日黄昏，西线“联合国军”已推进了 6~12 千米，其右翼门户大开，更加暴露。入夜后，黑漆漆的天空升起一轮圆月。过去解放军在国内战场上往往选择星光之夜组织小规模夜战，月光之夜组织大规模夜战。在朝鲜战场上，月夜也是志愿军进行夜战的最好时机，这就是美军所谓的“中国人的月亮”。就在这个月夜，西线志愿军 6 个军在 200 千米宽的战线上同时发起雷霆般的进攻。

人物档案

韩先楚

1913.2—1986.10.3

中国人民解放军上将，湖北省黄安县（今红安县）人。解放战争中曾任东北民主联军第 3 纵队司令员，因作战迅猛、出奇制胜而被称为“旋风司令”。1950 年 10 月参加抗美援朝，任志愿军副司令员兼第 19 兵团司令员。在第一至第五次战役中，组成精干的前线指挥所“韩指”，靠前指挥作战，多次取得大胜。

人物档案

梁兴初

1913.8.23—1985.10.5

中国人民解放军中将，江西吉安人。在辽沈战役中任第 10 纵队司令员，率部于黑山、大虎山坚决阻击国民党军队西进兵团，为战役胜利做出巨大贡献。1950 年参加抗美援朝，任志愿军第 38 军军长，参加了第一至第四次战役。在初战开局不利的情况下知耻而后勇，在第二次战役中率部打开战役缺口，之后大胆穿插，坚决堵住敌人的退路，保证了整个西线作战的胜利，受到志愿军司令员彭德怀特令嘉奖。后任第 20 兵团代司令员、西海岸防御指挥所副司令员。

歼灭德川南朝鲜第 7 师

战斗打响后，第 38 军的 3 个师分头对德川的南朝鲜第 7 师发起了攻击。在第一次战役时，第 112 师曾经误报“黑人团”而延误了战机，师长杨大易一心雪耻，亲自带着部队拼命插向德川守敌西部后背，途中毫不恋战，向指定地点神速穿插。凌晨 5 时，第 112 师按时占领了德川西面的云松里，切断了南朝鲜第 7 师的西逃退路。

上次战役没有完成任务的第 113 师这次负责向德川之敌南面穿插。第 113 师的每个团都一路猛冲，很快冲到了布满薄冰的大同江边，师长江潮、政委于敬山以身作则，率领战士们跳进冰冷刺骨的大同江中，向对岸冲去。一个南朝鲜步兵营刚赶到渡口就被这个奇异的景象吓呆了——在零下十几摄氏度的寒冷冬夜里，一群浑身挂满冰块的志愿军战士从江里冲出。南朝鲜军吓得四处逃窜。

渡江之后，第 113 师马不停蹄地向预定地域前进，边打边急行军，直到占领德川南面的遮日峰、葛洞，南朝鲜第 7 师又一条退路被切断。

在第 112 师、第 113 师向南朝鲜第 7 师侧后突击的同时，第 114 师于 25 日晚 20 点对南朝鲜第 7 师的正面阵地发起强攻。第 38 军副军长江拥辉亲自督战，派一个营打掉了敌人的炮兵阵地，此后便势如破竹，进展十分顺利。

26 日下午 3 点，第 38 军发起总攻。4 小时后，南朝鲜第 7 师溃不成军，该师 156 门火炮、218 辆汽车全部落入第 38 军手中。可惜的是天一亮，志愿军官兵们只能眼睁睁地看着这些大炮和汽车被美军飞机炸毁。

夜袭宁远城

在第 38 军围歼南朝鲜第 7 师的同时，第 42 军军长吴瑞林率其部队也攻到了宁远附近的山头。在黑漆漆的山脚下，第 42 军中一个擅长夜战的尖刀连偷偷摸进南朝鲜第 8 师主力第 10 团的阵地，一阵肉搏战后便拿下宁远城外的屏障——566 高地，很快突入宁远城。

人物档案

吴瑞林

1915.7.1—1995.4.21

中国人民解放军中将，四川省巴中县（今巴中市）人。志愿军第 42 军军长，在第一次战役中率部在黄草岭阻击美陆战第 1 师，血战 13 个昼夜，出色地完成了作战任务。后又指挥部队连续参加了第二、三、四次战役和西海岸阵地防御作战。

城外打得热火朝天，城内竟然一片寂静。在暗夜的掩护下，副营长孙光山带领尖刀连打进了南朝鲜第 8 师第 10 团指挥所，擒获 30 多名军官，逃跑的第 10 团团长在天亮时也被迂回部队抓住了。在第 42 军的打击下，南朝鲜第 8 师主力很快就被歼灭。

此时，美国广播公司播发了一条证实志愿军战果的新闻：“大韩民国军队第 2 军团被歼灭，在中国军队的猛烈攻击下，在不到 24 小时之内业已完全被消灭，不复存在，再也找不到该部队的痕迹了。”

在发起总攻前，沃克曾满怀不安地猜测：“中国军队肯定在一个什么地方等着我们。”此时在得知右翼崩溃后，沃克不祥的预感得到了证实，但出于对美军战斗力的自信，沃克仅仅派出了美骑兵第 1 师 1 个团和土耳其旅堵缺口，从而轻率地用掉了自己的最后一支预备队。

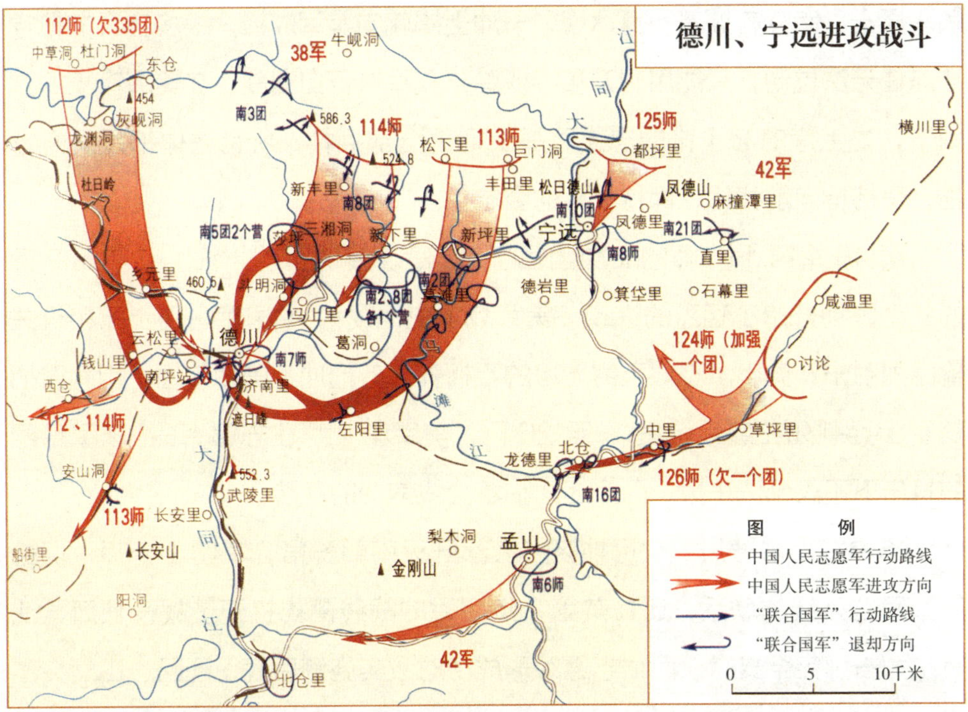

德川、宁远进攻战斗图

切断敌军东西线联系

志愿军第 38、42 军打响了第二次战役的第一枪。第 40 军也当仁不让，首先在新兴洞、苏民洞歼灭美军 5 个连，然后转向球场、价川进攻，协同第 39 军进攻美第 2 师，保障德川、宁远方向作战。

严峻的任务摆在第 40 军第 120 师第 359 团面前，他们必须在零下 20 多摄氏度的严寒中冒着敌人的炮火强渡清川江，直插鱼龙浦，切断美第 2 师的退路，并阻击球场方向可能增援的敌人。第 360 团在夜里奔跑 10 千米后，官兵们连被汗水浸透的棉裤都来不及脱就跳进了清川江的冰水中，他们强忍着刺骨的寒冷，悄悄地向对岸冲去。

美军在南岸布置了强大的火力，不断有被击中的志愿军战士倒在江中顺水漂走，幸存者披着一身冰甲，一冲上岸就向美军冲锋。很多官兵的枪栓被冻住无法拉动，只能用刺刀和手榴弹与美军进行白刃战。在美军密集的弹雨下，先上岸的 2 个排的志愿军战士几乎全部牺牲，所有遗体都是满身冰霜，呈持枪向前扑倒、保持战斗的姿态。

第 40 军第 118 师的 2 个团也于 25 日晚渡过了清川江，向美第 2 师的各个阵地开始了猛烈的进攻。美军战争史记载："中国军队用步枪和机关枪猛烈射击，抛出了貌似无穷无尽的手榴弹。他们冲上美军阵地，用刺刀把美军士兵刺死在散兵坑里。"至 26 日，美军第 2 师在志愿军第 40 军猛烈的打击下不仅无法东援，而且还面临着全线崩溃的危险。

志愿军攻占德川、宁远地区，大部歼灭南朝鲜第 2 军团 2 个师，切断了敌军东西线的联系，还在美第 8 集团军的战线侧翼打开了战役缺口，使其主力右翼完全暴露。西线志愿军形成了对敌实施侧后战役迂回、正面突击分割，各个歼灭敌军的有利态势，夺取了战场主动权。

三 清川江围歼战

俘虏美军黑人连

11 月 26 日，德川、宁远大捷之后，志愿军总部下达了新的作战部署任务，命令第 38 军和第 42 军向西线进行双层迂回。第 38 军进行内层迂回插向价川、三所里包抄美第 9 军后方，第 42 军进行外层迂回插向顺川、肃川。如果迂回成功，就可以将美第 8 集团军主力合围于平壤。志愿军总部还分别命令位于清川江以西的担任正面进攻的各军立即包围歼灭敌人一部，积极抓住当面之敌，不得使其逃脱。

第 39 军进攻的当面之敌为美第 25 师。在上草洞，上次战役中的“黑人团”——美步兵第 24 团终于出现了。志愿军第 39 军第 347 团替第 38 军出了一口气，他们包围了“黑人团”的第 65 工兵战斗营 C 连。用英语喊话后，C 连连长率 115 个黑人士兵主动缴械投降，这是朝鲜战争中向志愿军投降的唯一一支整建制的美军连队。3 个月后，全部由黑人组成的步兵第 24 团被解散，从此，美军不再将黑人士兵单独编组，所有的黑人和白人开始混合编组。

连续在西线遭到痛击后，美第 8 集团军这才终于明白志愿军的进攻不是一种积极防御性的“局部反击”，而是一次大规模的全线反攻行动。沃克感受到了巨大的危险，便赶紧命令部队停止进攻，收缩战线，全线转入防御。他特别担心被突破的右翼，于是手忙脚乱地调整部署，调来预备队——土耳其旅去戛日岭堵上缺口。

彭德怀敏锐地觉察到沃克的企图，决定不给美第 8 集团军任何喘息之机，立即命令志愿军西线部队以侧后迂回结合正面突击的战法，对美第 8 集团军发起全线进攻。

痛打土耳其旅

第 38 军主力向价川方向沿公路向敌后穿插。第 114 师部队直冲戛日岭垭口。戛日岭位于德川以西 20 千米处，有道 10 余米宽的险峻垭口穿过岭背，一条东西走向的公路穿过垭口，这是通往军隅里的必经之路。

入夜，戛日岭的主峰燃起星星点点的篝火，沃克调来堵缺口的土耳其旅一部抢先占领了阵地，这一举措后来被称为“用一个阿司匹林药瓶的软木塞去堵一个啤酒桶的桶口”。土耳其士兵正沉浸在白天的胜利中，他们向美第2师报告说“与蜂拥而至的中国军队进行了激烈的战斗”，不仅守住了阵地，还抓获了“几百名俘虏”。

其实，土耳其人不懂朝鲜语，更无法区分中国人和朝鲜人，他们打的是一群溃败下来的南朝鲜第7师的士兵。这些南朝鲜士兵从德川逃出来，逃进了土耳其人的阵地，糊里糊涂地就死在了友军的枪下。

梁兴初派第38军副军长江拥辉赶到第114师指挥所指挥，决心趁土耳其旅立足未稳，发动偷袭将其打垮。第342团的战士们穿着胶鞋，踩着一尺多深的冰雪向戛日岭主峰攀登。他们先像猫一样轻声慢步地接近土耳其旅，再突然开火，将手榴弹扔向正在烤火的土耳其士兵。一阵激烈搏杀后，以打仗凶狠闻名的土耳其士兵很快败下阵来，仅2个多小时，戛日岭主峰便落入第38军手中。

抢占三所里

在第38军主力痛击土耳其旅之时，志愿军第113师的官兵们边打边跑，一步也不停地向三所里狂奔。他们几乎达到了生理极限，有些战士跑着跑着就一头栽倒而长眠不起，也有些战士疲倦到极点，就躺在路中间打盹儿，到时间让战友将自己叫醒后接着跑。全师上下全凭一股精神力量在支撑，他们只有一个目标——三所里。

天亮了，第113师翻山越岭下了公路，前面离三所里只有15千米，但美军的飞机出现了。第113师首长下达了一个大胆的命令：“扔掉全部伪装，不许防空，不许躲进山林，沿公路光明正大地前进！”这一大胆举动迷惑了美国飞行员：这显然是撤退的南朝鲜军，只有中国人才伪装防空。他们甚至用无线电要求三所里的南朝鲜治安军“多备一些咸鱼，他们体力耗尽，一定缺乏盐分”。

志愿军第38军第113师抢占三所里期间使用的收发报机

志愿军第38军第113师抢占三所里期间使用的手摇发电机

就这样，第113师大摇大摆地沿着公路放开手脚疾进，很快到达三所里。前锋部队将猝不及防的南朝鲜守军打得四散奔逃，还惊喜地发现了对方准备的“厚礼”——热腾腾的米饭和咸鱼！

在志愿军总部，彭德怀、邓华、洪学智已经三天三夜没睡觉了，几十部电台都调到第113师的频率上，焦急万分地等着第113师的消息。

原来，机警的第113师为防止美军监听，实施了无线电静默。一到三所里，师长江潮命令打开电台，向总部用密语发报。5分钟后，大批南逃敌军就涌过来了，来得刚刚好。第113师一夜间边打仗边行军，用14个小时步行前进了72.5千米，创造了步兵攻击史上的奇迹。

第113师成功穿插三所里，切断了美第9军由军隅里经三所里向顺川南撤的通路，对第二次战役的胜利起到了关键作用。这一战术奇迹也引起毛泽东的重视。同年12月16日，彭德怀将第38军总结的经验转发志愿军各部并报中央军委。

毛泽东阅后立即将其转发，并在上面写道：“这是极重要的经验，望注意研究。在志愿军的作战经验中证明，我军对于具有高度优良装备及有制空权的美国军队，是完全能够战胜的。”

空前惨烈的阻击战

随着志愿军第 38 军抢占三所里切断美第 9 军退路，朝鲜战场出现了对我方有利的大好形势。为避免战机稍纵即逝，毛泽东于 11 月 28 日电示彭德怀等：“此次是我军大举歼敌，根本解决朝鲜问题的极好时机。……望你们鼓励士气，争取大胜。”接到电令之后，彭德怀在新出现的胜利形势下，开始从三面收紧对美第 9 军布下的大网。

在志愿军西线各军发起反击之后，东线志愿军第 9 兵团也于 11 月 27 日晚对长津湖地区的美第 10 军展开反击，并将其分割包围。眼见东西两线美军都面临被围歼的危险，麦克阿瑟终于承认美军正在“面临一场全新的战争”，便赶紧将沃克和阿尔蒙德两位战地指挥官召回东京开会，后下令美第 8 集团军全面向南撤退，美第 10 军逐步收缩。

志愿军第 113 师成功穿插至三所里之后，发现该地以西还有一个小镇龙源里。那里有一条公路由北向南贯通，敌军在三所里被阻击后肯定会改道龙源里南逃。彭德怀立即命令第 113 师前去堵住龙源里。第 113 师的指战员也发现了这个漏洞，便火速派出一个团赶过去了，而且还派了一个营炸掉了通往安州的公路大桥。

当然，成功穿插三所里，并不意味着战役的胜利。要打赢这一仗，还需要第 113 师像钢钉一样牢牢钉在三所里、龙源里，堵住美军撤退的道路。空前惨烈的阻击战开始了。

从西线溃退下来的美第 2、25 师，美骑兵第 1 师，土耳其旅残部，南朝鲜第 1 师都陷入了三面包围。然而，志愿军的阵地始终处于南逃和北援之敌的夹击之中。

就这样，志愿军战士仅用十几门迫击炮、几百挺机枪、几千支步枪和刺刀，同美国军队的几百架飞机、几百辆坦克、上千门大炮展开了决战。志愿军固守的高地上浓烟滚滚、烈焰熊熊，似乎不可能再有人类生存。但每当美军要去占领那些似乎已空无一人的高地时，志愿军战士又开始了猛烈的射击、刺杀。

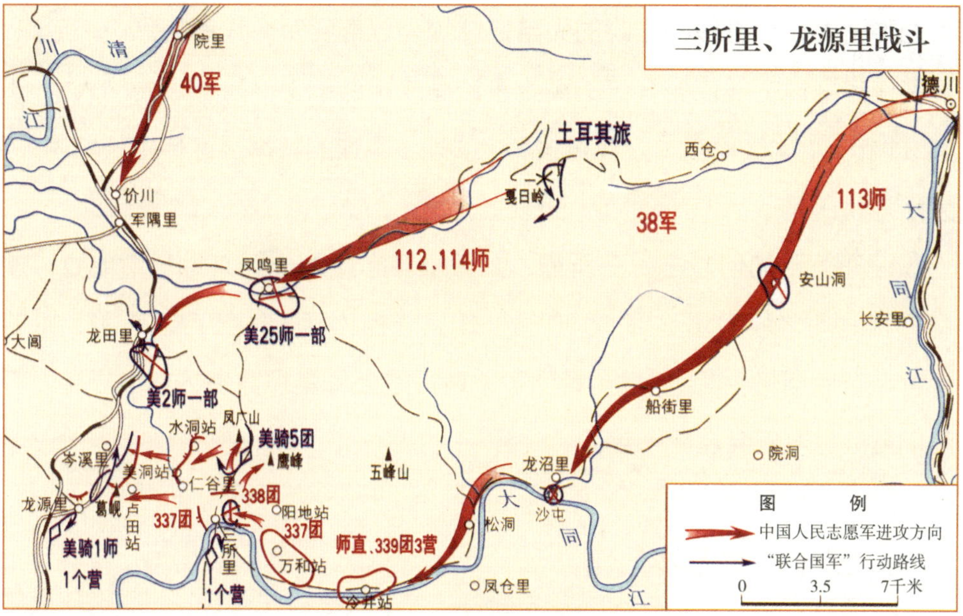

三所里、龙源里战斗作战图

松骨峰战斗

松骨峰上并没有郁郁葱葱的青松，它只是一个土山包。这里距离龙源里以北约 1000 米处，是军隅里通往平壤公路上的咽喉。志愿军第 112 师第 335 团 3 连的士兵们拼尽全力赶到这里，他们还没有来得及修筑工事，大批的美军就顺着公路来了。

志愿军3连在公路旁仓促占领阵地，与蜂拥而来的美军激战5个多小时，始终未让美军前进一步。美军在屡攻不下的情况下，集中数十门火炮和近20辆坦克对3连阵地猛烈轰击，并用飞机投下了凝固汽油弹，将高地炸成一片火海，步兵随后一拥而上。

志愿军的身影从火海中闪现，毫不畏惧地射出子弹，将一颗颗手榴弹投向敌群。子弹很快打光，指导员带头端着刺刀冲向敌人。有的战士身负重伤，向敌人猛扑过去，拉响了从战友身上捡来的手榴弹；有的战士被凝固汽油弹击中，带着呼呼作响的火苗抱住敌人，直到两个人都烧焦……后来，著名作家魏巍主要依据3连的英雄事迹写成了通讯《谁是最可爱的人》，于1951年4月11日在《人民日报》上发表。3连的壮举迅速传遍长城内外、大江南北。

任凭美军如何冲击，三所里、龙源里等志愿军一线阵地仍然屹立，使南撤和北援之敌相隔不到1000米，却只能相望而不能会合。美第2师的军官在战后回忆："我们甚至看到了来增援的土耳其坦克上的白色星星。可我们最终也没能会合在一起。"

"三十八军万岁"

空前惨烈的阻击战打到11月30日黄昏，随着志愿军第40、39军主力赶到，第113、112师等所在的第38军部队反守为攻，如下山猛虎般全线出击。同时，在各个方向围歼美军的志愿军也开始了攻击。在军隅里、凤鸣里、龙源里之间，被围困的美军被分割成小股，受到从四面压上来的志愿军的攻击。更让美军胆战心惊的是夜幕就要降临了。

第38军副军长江拥辉登上指挥所的最高处，看见了惊心动魄的场景："几十公里长的战线上，成串成串的曳光弹、照明弹、信号弹在空中交织飞舞，炮弹的尖啸，手榴弹、爆破筒、炸药包发出的闷哑的爆炸声，在峡谷中回响不息。敌我双方在公路沿线犬牙交错地激烈战斗，那是我从戎几十年，从未见到过的雄伟、壮阔的场面。”

美第 9 军见从龙源里突围无望，为摆脱被各个歼灭的命运，被迫放弃大量辎重装备，于 12 月 1 日 8 时开始转向安州方向突围。志愿军立即展开追歼作战。

前线胜利的消息传来，已经连续六昼夜没有合眼的彭德怀兴奋地说：“第三十八军的确是一支好部队！”他亲自起草了一个嘉奖电报，用振奋人心的语言褒奖了第 38 军，特别是第 113 师。电报的结尾道：“中国人民志愿军万岁！三十八军万岁！”从此“万岁军”名扬天下。

1951 年初春，第 38 军政委刘西元回国汇报朝鲜战场情况，由毛泽东亲自接见。毛泽东一见他就说：“你们三十八军在朝鲜打了胜仗，把美国佬给打痛了，名气可大哪！美军装备好，仗着它的飞机大炮来欺负我们。我们的办法，就是利用敌人的弱点，发挥我们的长处，同美国人打运动战，打近战夜战，把敌人调动开，分散开，然后集中优势兵力，一口一口地，一股一股地把它吃掉。”

四 血战长津湖

东线战场环境严酷

西线大战的同时，志愿军第 9 兵团在东线战场上同美第 10 军展开了一场惊心动魄的血战。比武装到牙齿的美军更难对付的是朝鲜半岛东北部严酷的自然环境。

狼林山脉纵贯南北，形成一道天然的分水岭，并与莲花山脉、摩天岭山脉、赴战岭山脉等构成朝鲜半岛东北部平均海拔高度超过 2000 米的盖马高原。这一地区群山连绵起伏，森林密布，交通闭塞，人烟稀少，气候寒冷。

志愿军第二次战役中东线作战的战场就位于朝鲜东北部的长津湖地区。长津湖为长津发电站的蓄水湖，被群山环绕，东西湖岸均为海拔 1300 多米的崇山峻岭，山间道路崎岖难行，偶尔有几处村落也是人烟稀少。

1950 年，朝鲜半岛遭遇了 50 年不遇的极寒天气。10 月下旬，长津湖地区开始降雪，气温急剧下降。到 11 月下旬，气温已下降到零下 27 摄氏度左右，白雪皑皑，加之山高路窄、道路冰封，作战环境极为恶劣。在这样的环境下别说打仗，就连基本生存都很困难。

不战而退的最强美陆战第 1 师

11 月中旬，美陆战第 1 师和步兵第 7 师沿着咸兴、江界公路开始向朝鲜临时首都江界推进。25 日，志愿军西线部队开始发起反击。美第 10 军军长阿尔蒙德为支援西线美第 8 集团军作战，命令美陆战第 1 师沿长津湖西岸公路向西攻击前进，美第 7、3 师负责掩护侧后安全。

美陆战第 1 师是美军中声名显赫的精锐部队，曾在第二次世界大战对日作战中屡建战功。该师总员额达 2.5 万余人，下辖 3 个陆战团、1 个陆战炮兵团，并直接得到 1 个陆军航空兵联队的空中支援，具有很强的火力和机动力。

美陆战第 1 师师长史密斯少将是个经历过残酷的太平洋岛屿登陆战的老牌陆战队员。当他乘直升机巡视着这条崎岖不平的碎石公路时，竟然没有看到志愿军部队的影子，史密斯的心情开始忐忑不安起来。道路两旁，险峻的狼林山脉沟壑纵横，弯弯曲曲地一直向北延伸。美陆战第 1 师和步兵第 7 师的 4 万多人、200 辆坦克、600 辆汽车竟沿着这条危机四伏的公路拉开了 100 千米。

装备高度机械化、补给充足的美军也开始饱受寒流的困扰，此时最低气温已经下降到零下 30 摄氏度，美军所有的机械化车辆每 2 小时必须发动 15 分钟，否则就再也发动不起来了。卡宾枪冻得无法使用，连钢铁都受不了，更别说人了。

身处严酷的天气和地形环境，史密斯预感到陆战第 1 师即将面临的危险，便下定了决心，见到中国人就撤退。

第 9 兵团紧急投入战场

11 月 25 日，西线战斗打响了，东线暂时平静。对于东线的作战，毛泽东十分关注。但鉴于彭德怀等志愿军领导人更了解战场情况，毛泽东决定完全由志愿军司令部指挥投入这一方向的第 9 兵团。当朝鲜战场上美第 10 军开始向北推进之时，第 9 兵团主力尚在国内由山东兖州地区北上的途中。在长津湖地区，志愿军第 42 军正在节节阻击美军，诱敌深入，并掩护第 9 兵团开进。

志愿军第 9 兵团下属的第 20、26、27 军是经过革命战争千锤百炼的 3 支劲旅。兵团司令员宋时轮、副司令员陶勇都是久经沙场的名将，作为原定解放台湾的主力，3 个军超额编制，而且分别加强 1 个师，全兵团人数达 15 万人。

人物档案

宋时轮

1907.9.10—1991.9.17

中国人民解放军上将，湖南省醴陵县（今醴陵市）人。曾任华东野战军第 10 纵队司令员，在淮海战役中指挥 3 个纵队阻击徐州东援之敌，并参与围歼杜聿明集团。1950 年参加抗美援朝，任第 9 兵团司令员、志愿军副司令员，在第二次战役中指挥东线作战，在长津湖地区给美“王牌军”陆战第 1 师以沉重打击。后参加指挥第五次战役和上甘岭战役。

第 9 兵团久居国内华东地区，一切战备训练都是为解放台湾，现在却来到冰天雪地的高寒地区打仗，几乎没有任何准备。原计划第 9 兵团开到中国东北地区后先整训一段时间，然后再入朝作战。但因朝鲜东线战事急迫，第 9 兵团来到东北后并未停留，原定在辽阳、沈阳换冬装的十几万官兵只好穿着单衣、单鞋直接渡过鸭绿江，提前入朝作战。

运兵火车临时停车的时候，东北边防部队看到第 9 兵团官兵衣装如此单薄，赶紧动员干部、战士脱下身上的衣帽送给第 9 兵团官兵，但这么一点临时脱下的衣帽对于十几万大军来说只能是杯水车薪。

而且，雪上加霜的是后勤供应跟不上。东线只有一条山间公路可以勉强行车，天上到处是美国飞机，会随时轰炸，志愿军第 27 军 40 多辆满载物资的卡车被美机投下的凝固汽油弹烧光，部队只好轻装前进，连能充饥的冷土豆和炒面都供应不上。

志愿军在武器装备方面与美军的差距更是无法想象。美陆战第 1 师拥有坦克 100 多辆、重炮 140 多门，还可以得到一个航空联队 72 架战机的空中支援。而整个志愿军第 9 兵团只拥有 160 门平射炮，因轻装上阵，重炮全留在国内，只能靠迫击炮、手榴弹勉强维持“重火力”。面对拥有空中、地面压倒性火力优势的美军，第 9 兵团只剩下人数的优势和钢铁般的意志了。

东线推迟进攻

11 月 7 日、12 日、19 日，志愿军第 9 兵团各部分别在这 3 天之内悄悄渡过鸭绿江，投入自然条件异常恶劣的东线战场。该兵团开进和集结的行动未被敌人察觉，后来美国方面曾将此次行动惊叹为“当代战争史上的奇迹”。

入朝后，因志愿军粮食供给不足，只能勉强保证供给开赴前线的第 9 兵团的 2 个军。彭德怀和宋时轮、陶勇商议作战部署，决定把第 26 军留在二线做预备队。一线的第 27、20 军加上第 42 军一部，各集中 4 个师，分别歼灭美第 7 师、陆战第 1 师各 2 个团。

看到东线作战的部署后，毛泽东电示彭德怀：“美军陆战第一师战斗力据说是美军中最强的，我军以四个师围歼其两个团，似乎还不够，应有一个至两个师作预备队。九兵团的二十六军应靠近前线，作战准备必须充分，战役指挥必须是精心组织的，请不断指导宋、陶完成任务。”

彭德怀随即指示第 9 兵团调整了部署，决定“集中二十、二十七两军主力，先求歼击美陆一师两个团，钳制美七师之两个团，并力争继歼该敌之一部”。

11 月 25 日，西线反击开始。彭德怀本来是让东线同时反攻，但第 9 兵团尚未完成各项作战准备，此时又天降大雪，部队在一两尺深的积雪中行军，无法按时赶到进攻位置。考虑到东线是一个独立方向，推迟进攻无损大局，彭德怀同意宋时轮拖后两天进攻。

分割包围美陆战第 1 师

11 月 27 日黄昏，西北风卷着棉球般的雪花，吹得人睁不开眼，气温骤降到零下 30 摄氏度。原本寂静的狼林山脉的山林中忽然传出惊天动地的军号声和呐喊声，宋时轮、陶勇指挥第 20、27 军的 8 个师向长津湖地区美军发起猛攻，一夜之间将美第 7 师和陆战第 1 师截为 5 段。分割包围进行得十分顺利，但是消灭被围之敌却无比艰难。

正如毛泽东所预料的那样，美陆战第 1 师是美国战斗力最强的部队，其应变能力、火力和机动力的确高出美军其他部队一筹。在遭受突袭后，美陆战第 1 师立刻用 100 余辆坦克在 3 处主要被围地域组成环形防线。

志愿军每个团只有 8~9 门老式火箭筒，很难冲破坦克防卫圈。志愿军没有用于火力突击的大炮，只能用中小口径的迫击炮发射炮弹掩护步兵冲锋，可是连迫击炮的钢铁炮管都受不了零下 30 摄氏度的酷寒，打出去的炮弹有 2/3 成了哑弹。在缺乏炮火掩护的情况下，志愿军步兵只能用步枪、机枪去攻击敌人的坚固堡垒。

战至 28 日清晨，第 9 兵团虽然未能歼灭当面之敌，但已完成了对长津湖地区美军的分割包围，将美陆战第 1 师和美第 7 师一部分别包围于柳潭里、新兴里、下碣隅里等地，切断了美军之间的联系。

见势不妙的麦克阿瑟命令美陆战第 1 师向南突围。收到命令的师长史密斯愤怒地向部下大吼：“撤退？见鬼去吧，我们不过是换个方向进攻！”他讲的是实话。美军向南撤退的退路早就被志愿军切断了，除了杀开一条血路，美陆战第 1 师别无选择。

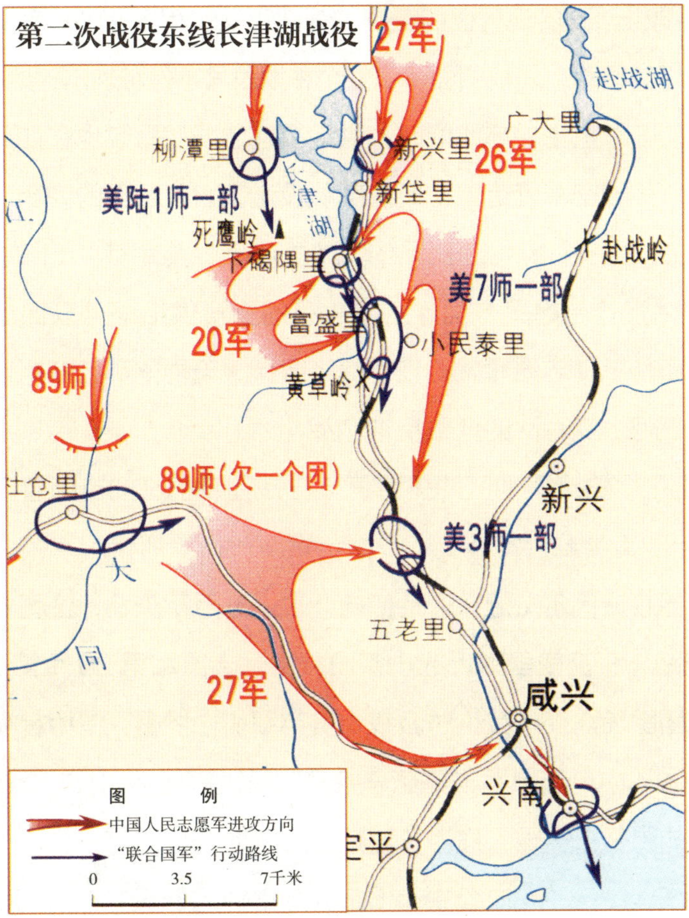

第二次战役东线长津湖作战示意图

“地狱之火谷地”

在成群的美国飞机掩护下，美第 10 军开始竭力往后收缩，企图先聚集到有临时飞机场的下碣隅里，然后再往南逃。美机猛炸逃跑道路上的每一座山头。在一次战斗中，美机对志愿军占领的一条山脊整整轰炸了 25 分钟，使之成为“世界上最无用的地皮”，但仍有不屈不挠的志愿军战士从山脊上射出致命的子弹。

在下碣隅里，高度现代化的美国陆战队工兵仅用3天时间就拓宽了一条可以通行坦克的道路，还在四面环山的小谷地里马不停蹄地修建能够让C-47运输机起降的临时机场。与此同时，供给基地、野战医院也在如火如荼地搭建着。随即，美国空军就给史密斯的部队投送了大量急需的弹药、食品、药品、防寒服装、油料……史密斯部队需要什么，美军就从日本运来什么。

而相比之下，志愿军方面连基本生存的物资供给都难以保证。就是在这样艰难的条件下，志愿军始终在作战中保持大无畏的英雄气概，显示了超出世界其他任何一支军队的勇敢精神和战斗力。

29日上午，古土里地区的美军第1陆战团及配属的英国皇家陆战队第41突击队出动美英混合特遣支队，由英军队长德赖斯代尔率领，因此该特遣队也称为德赖斯代尔特遣队。他们向北攻击志愿军阵地，企图打通前往下碣隅里的道路。在富盛里附近的一条山谷中，志愿军第20军第60师将这支特遣队团团围住。经过数小时激战，美英军伤亡惨重，指挥官被迫率众投降。在这场激战中，志愿军击毙了总共922名增援官兵中的370人。这条被死亡笼罩的山谷被美国人称为“地狱之火谷地”。

美国军史写道：“阵亡者中有60名皇家别动队员，48名第1陆战团C连的官兵，169名陆军第31团B连的士兵，50名陆战师指挥部的官兵和43名坦克、卡车和通信部队的官兵……另外还损失了75台车辆。还有237人当了俘虏。”

在“地狱之火谷地”发生激战的同时，下碣隅里的美军也向南发起攻击，企图南北对攻以打开通往古土里的通道。志愿军第58师第172团3连连长杨根思带着一个排的战士牢牢地守在可以俯瞰下碣隅里的1071.1高地上。这个下碣隅里东高地对美军至关重要，它不但扼守在通往古土里的路边，而且用步枪子弹就能打到下碣隅里环形阵地的任何位置。

从清晨一直血战到中午，美军用航母舰载机和重炮不断地向这个小小的阵地倾泻着弹雨。随后美军的坦克开始了少有的强攻。杨根思带着战士们连续打退美军 8 次进攻，阵地上只剩下 3 名战士。杨根思下令让 2 名负伤的战士撤下去，在美军士兵觉得阵地上似乎没有志愿军战士存活的时候，杨根思抱着炸药包拉燃导火索，冲进了蜂拥而来的美军陆战队士兵中。杨根思成为志愿军第一个特级战斗英雄。

全歼“北极熊团”

由于战前各种准备不足，加之补给困难，又是在这种恶劣的自然环境下与强敌作战，志愿军部队受冻挨饿，体力消耗很大，虽然对长津湖地区的美军形成分割包围之势，但各个包围点上的攻击力量不足，战斗打成了僵持状态。

志愿军第 9 兵团对战场形势做了重新判断，在柳潭里、新兴里、下碣隅里地区被围美军估计共 1 万余人，比战前对美军兵力估计的数量多了一倍，有的地区多出三四倍。实际上，根据美海军陆战队官方战史记载，在长津湖地区作战期间，仅美陆战第 1 师的兵力即达 2.5 万人，加上美第 7 师第 31 团，实际兵力近 3 万人，远超志愿军估计。

第 9 兵团决定修正预定的作战部署，集中兵力逐次各个歼灭被围之敌。首先集中绝对优势兵力歼灭新兴里之敌，然后再转移兵力逐个歼灭柳潭里、下碣隅里之敌。

11 月 30 日，志愿军第 27 军集中第 80、81 师 5 个团的兵力，由副军长詹大南统一指挥，并调用全军所有炮兵，围攻新兴里的美第 7 师第 31 团及第 32 团 1 个营、师属炮兵营。志愿军的兵力 4 倍于敌，连火力都略占优势。

战斗在子夜时分打响，经过 15 分钟炮火准备，志愿军第 27 军一举突破了美军环形阵地外围防线，冲入美第 31 团指挥所和火炮阵地，在混战中击毙了 31 团团长麦克莱恩上校。阵地上的美军群龙无首，一片混乱。代理团长费斯上校在下达了分散突围的命令后也被志愿军扔出的手榴弹炸死，美军全团士兵四散奔逃，很多人企图从冰封的长津湖突围，结果因冰面破裂而落入湖中被冻死、淹死。史密斯从下碣隅里派出的援军被志愿军第 81 师坚决阻击，只能眼睁睁看着美第 31 团级战斗队全军覆没。

在新兴里战斗中，志愿军第 27 军全歼美军共 3100 余人，缴获汽车 184 辆、坦克 11 辆、各种火炮 137 门，创造了志愿军在朝鲜战场上以劣势装备全歼现代化装备的美军 1 个加强团的模范战例。这也是在这场战争中，志愿军唯一一次全歼美军团级战斗队。美第 31 团号称“北极熊团”，该团蓝色的团旗被志愿军班长张积庆缴获当包袱皮用了，后来成了中国人民革命军事博物馆的展品。

志愿军缴获的美军“北极熊团”团旗

水门桥上的较量

12 月 4 日，柳潭里的美陆战第 1 师第 5、7 团终于撤到了下碣隅里，他们用了 3 天时间才走完这 22 千米的路程，一路上被志愿军层层截杀，平均每小时只能走 300 米，在这一路上有 1500 多人伤亡。

12 月 5 日，阿尔蒙德下令史密斯尽快撤退到咸兴地区。当日晚，下碣隅里所有的美军火炮开始向两侧山地猛轰。6 日清晨，大撤退开始。美军在逃跑前彻底摧毁了下碣隅里这个供给基地。美军先用炸药炸，然后用推土机碾压一遍，最后将堆积如山的食品、衣服、弹药泼上汽油烧掉。

在战役进行期间，长津湖地区又数次降下大雪，志愿军第 9 兵团的战士忍饥受冻，因冻伤减员严重，极大地制约了作战行动，加之与敌装备相差悬殊，因而经数次作战后均未能全歼美军。尽管形势严峻，第 9 兵团仍决心克服困难，坚决完成任务，便急调预备队第 26 军急速南进，全力围歼下碣隅里的美军。

由于风雪迷漫，路途遥远，加上道路不熟，志愿军第 26 军多次迷路，未能按时在 12 月 5 日赶到并投入战斗，等到 6 日晚发起进攻时下碣隅里的美陆战第 1 师主力已在空运 1000 余名伤员后，于 6 日拂晓在大量飞机、坦克掩护下突围南逃。

美陆战第 1 师从下碣隅里撤到 18 千米外的古土里，用了 38 小时。这支当时世界上机械化程度最高的部队平均每小时只能行走 500 米，每千米伤亡 34 人。在古土里，美军在撤退的道路上必经一座桥梁，这就是水门桥。

水门桥是人工架在长津湖引水管道上的悬空单车道桥梁，桥下是万丈深渊，水门桥一旦被炸，打算往咸兴逃跑的美军可就真是上天无路、入地无门了。

志愿军第 20 军早已注意到水门桥位置的重要性，在 12 月 1 日就冒着敌机的轰炸，果断炸掉了这座桥。美国陆战队工兵则修建了一座木桥用于通车，志愿军于 12 月 4 日将此桥炸毁。美国工兵又修建了一座钢制的车辙桥，志愿军这次干脆把桥基也炸掉了。但出乎志愿军意料的是美国空军居然使用大型运输机直接从日本运来 8 套（实际只需 4 套）、每套重达 1.1 吨的 M2 车辙桥组件，并空投到美军阵地。

接着，美国工兵在悬崖上仅用不到 2 天的时间就架设了一座可承载 50 吨的可以通过撤退部队所有车辆的桥梁。美陆战第 1 师依靠这座桥梁侥幸逃走了。

完成了艰巨的战略任务

通过了水门桥，史密斯率部继续逃向咸兴。志愿军第 20 军的将士们仍在不顾一切地顽强截击美军。这里距离后方更远了，守在这里的志愿军官兵的补给早已完全断绝。在彻骨的严寒中，美军不断看到有光着脚的志愿军士兵穿过雪地向他们冲杀过来，如果没有致命的子弹飞来，他们还以为是幻觉呢。

12 月 8 日，在古土里以南隘路处，美陆战第 1 师遭遇到志愿军第 58 师第 172 团 2 个连的拼死阻截。当夜气温骤降到零下 40 摄氏度。次日清晨，美陆战第 1 师再次攻击时，志愿军阵地上却一片死寂，2 个连的百余名将士已全部冻僵牺牲，成为悲壮的“冰雕连”。美军看到这样的场景大为震惊。他们好不容易通过隘路，继续向南逃窜，又遭到志愿军第 60 师第 180 团的顽强阻击，激战整整 2 天，第 180 团仅存 20 人。

在死鹰岭高地也出现了同样悲壮的一幕。战后打扫战场时，人们在阵地上发现了志愿军第 20 军第 59 师战士宋阿毛写的一首绝笔诗：“冰雪啊！

我决不屈服于你，哪怕是冻死，我也要高傲地耸立在我的阵地上！”他所在的连队以战斗队形在雪地中坚持到最后一刻，成为另一支壮烈牺牲的“冰雕连”。

美陆战第 1 师终于逃到了咸兴。陆战队官兵们疲惫且狼狈不堪，从钢盔到胡子、大衣、皮鞋上都挂满了冰霜。轻伤员互相搀扶，随行的汽车装满了昏迷不醒的重伤员。有的人冻得像一块坚硬的木板，身上满是还未凝固就冻成一团的粉红色血块就干脆被绑到汽车散热器上。美军战史中称：“陆战队历史上，从未经历过如此悲惨的艰辛和困苦。这简直是一次地狱之行。”

12 月 24 日，美军远东空军几乎所有战机全部集中到兴南港上空，美国海军调集 300 多艘舰船保障陆战第 1 师等部队登船，舰炮对着城市周围猛烈射击，在这道钢铁火力圈掩护下，美第 10 军从海上南逃了。

至此，志愿军第 9 兵团克服了常人难以想象的恶劣环境，发挥了英勇顽强、不怕牺牲的精神，同美军浴血奋战 10 余个昼夜，共歼敌 13916 人，给美陆战第 1 师和美第 7 师一部以歼灭性打击，打开了东线战局，并有力地保障了志愿军西线部队的侧后安全，在极度困难的情况下完成了艰巨的战略任务。

然而，第 9 兵团为这一胜利也付出了惨痛的代价，共减员 4 万多人，其中冻亡、冻伤的就有 3 万多人（冻亡 1000 多人）。第 9 兵团内有的部队因冻伤减员竟达 22%，元气大伤。

毛泽东、彭德怀都给东线部队发去了褒奖的慰问电，其中毛泽东评价说：“九兵团此次在东线作战，在极困难条件之下，完成了巨大的战略任务。”多年后，宋时轮回忆这次战役时说道：“艰苦程度超过了长征。”

震撼世界的大捷

战役进行到 11 月末，在东西两线，美第 8 集团军和美第 10 军下属的美陆战第 1 师，美第 7、2、25 师，以及美骑兵第 1 师均遭重创。

在西线，志愿军第 42 军正像一把利刃插向肃川、顺川。乘陆上退路尚未被完全截断，美第 8 集团军只好丢弃了 2000 多辆汽车和几百辆坦克、上千门大炮，于 12 月 1 日沿肃川一线的沿海公路轻装南逃。

美国历史上路程最长的撤退开始了。10 天之内，惊魂未定的美军溃退 300 千米，一口气退到三八线才停住。西线志愿军部队连续作战 7 天已显疲劳，而美军已形成新的防线，于是在 12 月 2 日停止追击，转入休整。12 月 6 日，第 39 军胜利收复了沦陷了 49 天的平壤。

在东线，遭受志愿军第 9 兵团沉重打击的美第 10 军撤到兴南，因陆上退路已被朝鲜人民军切断，决定全员从海上南撤。至 12 月 23 日，美第 10 军乘 300 余艘舰船从海上南逃。

1950 年 12 月 24 日，抗美援朝第二次战役胜利结束。美第 8 集团军司令沃克中将在败退途中，其所坐的车与南朝鲜溃军的汽车相撞，当场身亡。

第二次战役中志愿军彻底粉碎了“联合国军”占领全朝鲜的企图，解放了朝鲜北半部除襄阳外的全部地区，将战线推至三八线，迫使“联合国军”由进攻转入防御，从根本上扭转了朝鲜战局。在作战中，志愿军毙伤俘敌 3.6 万余人，其中美军 2.4 万余人。志愿军在此次战役中伤亡 3 万余人。

在这场震撼世界的大战中，在毛泽东指导下，彭德怀等运用灵活机动的战略战术，采取了诱敌深入的巧妙部署，将夜战和穿插迂回的传统战术发挥得淋漓尽致。事实证明，一种新奇的战术往往比一种新式武器更能发挥出巨大的威力。

志愿军第二次战役的胜利震惊了世界。它打破了美军不可战胜的神话，给不可一世的美国侵略者当头一棒，在美国朝野上下引起强烈的震动。美国舆论界把美军在朝鲜的失败称作“噩梦”“悲剧”，惊呼这是“美国陆军史上最大的败绩”。美国阵营内部一片慌乱，在侵朝战争政策问题上开始发生严重分歧。

志愿军胜利的捷报传到莫斯科，斯大林也不禁为之震动，并于 12 月 1 日向毛泽东发出贺电，将这次胜利与伟大卫国战争的胜利相提并论。全世界爱好和平的人民都为志愿军的胜利而欢欣鼓舞。新中国的国际地位大大提高，中华民族的国际形象显著改变，中国军队的国际威望也空前增强。

第三章

将战局稳定于三八线

一 乘胜突破三八线

对中国进行核讹诈

在朝鲜战场上取得重大胜利的同时，中国在外交领域经过激烈斗争也取得了突破。在苏联及其他友好国家支持下，中国政府要求联合国安理会讨论美国侵略中国台湾案，而美国则颠倒黑白地提出“中国侵略朝鲜案”。按照联合国宪章，安理会在讨论争端问题时必须邀请相关的当事国参加讨论。于是，联合国秘书长向中国政府发出邀请。中国派出特派代表伍修权和乔冠华等参加联合国大会和安理会讨论美国侵略中国领土台湾案的会议。

在被美蒋联合封杀多年后，新中国的代表首次出现在联合国的讲坛上。说来也巧，伍修权、乔冠华到达纽约的那天，美国报纸正好刊登了美军在朝鲜全线溃退的新闻。伍修权在联合国发言，直接“指着美帝国主义的鼻子”，严厉控诉其侵略中国台湾的罪行，大长了中国人民的志气，在世界上引起了巨大轰动。

从当时形势看，志愿军连战连捷，使中朝两国乃至整个世界民主阵营的士气大涨。“联合国军”的全线溃败，使美国当局从盲目的胜利幻觉中一下子跌落到失败的深渊，朝野一片哗然。在这种气氛的支配下，美国军政要员已不能理智地思考问题。美国陆军参谋长柯林斯飞到朝鲜视察之后竟然向参谋长联席会议提出建议，要求研究如何对中朝目标进行核打击的问题。麦克阿瑟更是直截了当地提出应对中国和朝鲜半岛北部地区使用核武器。

1950 年 11 月 30 日，杜鲁门总统在记者招待会上公开向中国发出威胁说，美国有可能使用原子弹。这是美国第一次对新中国进行核讹诈。

然而，美国的威胁并没有吓倒中国人，反倒是吓坏了美国的欧洲盟友。此时，欧洲还徘徊在第二次世界大战后的废墟中，害怕爆发新的世界大战。而且他们认为，不可调和的意识形态敌人——苏联才是对欧洲的真正威胁。现在美国人不顾在东欧陈兵数百万的苏联的巨大威胁，还要在“一个不可思议的时间和可能出现最困难的战略条件下”，让他们在亚洲投入战争。

在英法等国的强烈反对下，经过权衡利弊，美国暂时被迫做出了“不使用原子弹”的承诺，并且提出了继续而不扩大战争的几个原则：战略重点在欧洲，不能卷入亚洲的持久战争，不向朝鲜增派军队，保持三八线的稳定，恢复三八线战前的状态等。这表明了美国“守住朝鲜”的决心。

美国玩弄停火阴谋

12 月 7 日，印度驻华大使潘尼迦突然向中国外交部转交了一份由 13 个亚非国家联合倡议的备忘录。该备忘录提出，作战双方先在三八线停火，然后通过谈判和平解决朝鲜问题。

这个备忘录强调：“这是所有非欧美国家第一次联合起来提出的建议，这一建议不能被认为是支持美国的。如果中国宣布不超过三八线的话，则将得到这些国家的欢迎和道义上的支持。”

看完这个备忘录，毛泽东和周恩来判断这一定是美国人放出的试探气球，但要求中国不超过三八线的却是中国最注重团结的第三世界国家。中国向来重视亚非国家的友谊，但 13 国此次提出的“和平倡议”却引起了中国的不满。如何处理好这个棘手的政治问题呢？

周恩来首先派外交部亚洲局局长约见印度大使馆参赞，向他提出了 4

个问题：为什么 13 国不反对美国对中国和对朝鲜的侵略？为什么 13 国不宣言从朝鲜撤退外国军队？为什么在美军打过三八线的时候，13 国不讲话？为什么 13 国中还有菲律宾（菲律宾是参加“联合国军”侵朝行动的国家之一）？

12 月 12 日，周恩来会见印度驻华大使潘尼迦，表明：中国一向坚持和平解决朝鲜问题，现在更希望朝鲜的军事行动能迅速停止。但是现在迅速结束战争的关键在美国，我们愿意知道美国对中苏所提停战条件的意见。

周恩来又于 13 日将与潘尼迦的谈话情况电告伍修权、乔冠华，并指示：你们对提出 13 国提案的国家应表明的立场是停战不是骗局，是要真正能迅速结束朝鲜战事。这样就必须要美国表明它对停战条件的意见，看它是在继续战争、扩大战争，还是在想结束战争。各国代表如果真想叫停朝鲜战争，就应该像苏联代表那样提出一切外国军队从朝鲜撤出，而不是其他。

知识拓展

开创独立自主的和平外交

新中国成立后，按照“一边倒”方针，先后与苏联以及保加利亚、朝鲜、越南等 10 个人民民主国家建交。按照“另起炉灶”和“打扫干净屋子再请客”的方针，新中国先谈判再建交，陆续同印度、印度尼西亚、缅甸、巴基斯坦及瑞典、丹麦、瑞士、芬兰建交。1949 年 10 月—1950 年 10 月，中华人民共和国迎来了建交高潮。与此同时，新中国取消了帝国主义国家在中国的特权。

揭露美国真实意图

12 月 14 日，第五届联合国大会在有美国投票赞成的情况下通过了亚洲 13 国提案，决议成立停战三人小组[1]，先行实现停火，然后才能考虑其他问题。这很容易让中国领导人联想起中国解放战争时期，美国马歇尔主持的那个“三人小组”。

各种情况表明，美国的停战只是在争取喘息时间，因为美国只同意寻求在三八线停火，反对为解决远东其他问题进行谈判。12 月 15 日上午，杜鲁门发表广播演说，宣布自 12 月 16 日起美国全国进入紧急状态。杜鲁门宣称美国愿意谈判但决不承认侵略，同时决定扩大征兵计划，加紧军工生产，增强军事力量。美国国务院还发表公报，决定管制中国在美国的资产并对中国禁运。这一切只能说明美国决心在朝鲜战场坚持下去，并要全面遏制中华人民共和国。

知识拓展

军事调停三人小组

抗战胜利后，国共双方和美国代表共同组成了协商、督促停止内战的军事协调机构。1945 年 12 月，美国政府以调解国共冲突为名，派总统特使马歇尔来华。1946 年 1 月 7 日，根据国共谈判达成的《关于停止国内军事冲突的协定》第二条，在重庆（后迁到南京）正式组成军事调停三人小组，小组成员有中国共产党代表周恩来、国民党代表张群（后为张治中）、美国总统杜鲁门特使马歇尔，马歇尔任主席，在北平（今北京）设立军事调处执行部。由于蒋介石坚持独裁统治、蓄意破坏停战协定，美国实际上奉行助蒋打内战的政策。1947 年 1 月 7 日，马歇尔宣布对国共双方“调处”失败后离华返美。2 月下旬，国民党政府强迫中共谈判代表及工作人员撤离，军事调停三人小组终止工作。

① 该三人小组由第五届联大主席伊朗代表安迪让、印度代表劳氏爵士、加拿大代表皮尔逊组成。

12月22日，周恩来代表中国政府针对联合国大会14日通过的决议发表声明，揭露了美国的真实意图，指出中国政府及其代表不准备与非法的三人小组进行任何接触。“在没有一切外国军队撤出朝鲜及朝鲜内政由朝鲜人民自己解决作基础，来讨论停战和谈判，都将是虚伪的，都将适合美国政府的意图，而不可能达到世界爱好和平人民的善良愿望。三人小组——就地停战——和平谈判——大举进攻。这一马歇尔公式对中国人民极不生疏……马歇尔将军的故伎在联合国是不能重演的了。”

下一步棋该怎么走

第一、二次战役连战连捷，证明志愿军对美军已能战而胜之。志愿军已在朝鲜战场站稳了脚跟，并一举扭转了战场形势。那么，下一步棋该怎么走？整个战争的前景如何？毛泽东的脑海里已经有了初步的设想。

毛泽东设想，战争无非向两方面发展：一方面，争取乘胜迅速解决朝鲜问题；另一方面，也要准备以双方在三八线附近停战谈判结束战争。事后来看，在大胜的形势下能够有这样冷静的认识是很不容易的。

这时经中朝两党商议，决定成立中朝联合司令部（简称联司），由彭德怀任司令员兼政委，邓华和朝鲜人民军推荐的金雄任副司令员、朴一禹为副政委。金雄奔赴东线组织金雄指挥部，指挥东线朝鲜人民军第2、3、5军团，朴一禹则驻志司负责协调。联司下命令给朝鲜人民军就以联司名义，给志愿军下命令仍用志司名义，可以说这是一个既能确保指挥统一又能兼顾中朝两军不同特点的统帅机构。从第三次战役开始，中国人民志愿军和朝鲜人民军即在联司统一指挥下作战。

经历了两次战役后，志愿军虽然取得了超出预想的战果，困难也随之增长。第二次战役结束后，部队减员已达10万人，第9兵团又因战士冻伤严重导致至少两三个月无法参战。全军汽车因空袭和事故而损失严重，只剩下 260 辆，供应极其困难。此时的朝鲜半岛已完全进入冬季，气候异常寒冷。同时，志愿军向南挺进，供应线延长，美军飞机狂轰滥炸，后方公路、铁路和桥梁遭受严重破坏，物资供给十分困难，志愿军部队经常缺衣少粮。从鸭绿江向前线运送后勤物资不敢走公路，铁路也被炸断了，只能靠原始的人力背送。不要说弹药，连战士吃的粮食、穿的棉衣都供应不上。东线 3 个军除了一线的战斗员，上到军长、师长，下到唱歌跳舞的文工团员、烧水煮饭的炊事员都动员起来往前线运粮食，但即使如此，东线的粮食也只能满足部队最低生存需要的一半，许多战士都是穿着草鞋甚至打着赤脚、饿着肚子在零下 30 摄氏度的雪地里向美军冲锋。

在西线，流传着一个感人的故事：第 42 军一个班，上级发下一双棉鞋，战士们决定谁站岗谁才有资格穿上这双宝贵的棉鞋。整整一个冬天过去，志愿军从鸭绿江打到三八线以南，这双棉鞋竟丝毫无损，然后又被完好地移交给接防部队。

越过三八线再打一仗

身在前线的彭德怀了解部队的实际情况，对冰天雪地中顽强战斗的将士们的疾苦感受最深。12 月 8 日，在占领平壤后，彭德怀、洪学智、解方经过商议后都认为现在立即越过三八线并不合适，但在三八线以北再打一场战役并无问题。

于是，彭德怀致电毛泽东，提出下一战役的考虑：“拟在三八线以北数十里停止作战，让敌占三八线。待我充分准备，以便明年再战时歼灭敌主力。”这时，苏联驻朝大使提议一气打到南朝鲜去，这一提议受到彭德怀的反驳。针对出现的速胜盲目乐观情绪，彭德怀建议“我军目前仍采取稳进”的方针。

从当时战场形势看，志愿军尽管实际困难很多，但是参战仅仅两个月就把美军打得一溃千里，中国人民和朝鲜人民以及民主阵营的士气大大高涨。这时志愿军的作战正一帆风顺，如果停止于三八线以北进行休整，则正是美国所希望的。而这时在民主阵营内部，无论斯大林还是金日成都不希望看到志愿军就此停止。毛泽东经过综合考虑，决心越过三八线再打一仗。他给彭德怀发电报，指出此役的必要性："你对敌情估计是正确的。必须作长期打算。美、英正在利用三八线在人们中存在的旧印象，进行其政治宣传，并企图诱我停战，故我军此时越过三八线再打一仗，然后进行休整，是必要的。打法完全同意你的意见。"毛泽东还建议，将越过三八线的战役提前至次年 1 月。

毛泽东决定越过三八线再打一仗是基于对当时战场内外的政治形势的分析而做出的。彭德怀在前线统兵，必须从军事角度看待问题。毛泽东坐镇北京，必须总揽国际全局，从政治角度看问题。两个人没有谁对谁错的问题，而军事无疑是要服从于政治的。

美军一时被打晕了头

根据中央军委和毛泽东的战略意图，志愿军司令部于 12 月 22 日定下第三次战役的最后部署：决定出动 9 个军，以 5 个军（内含朝鲜人民军 1 个军团）在西线向汉城方向进行主要突击，以 4 个军（内含朝鲜人民军 2 个军团）在东线进行辅助性突击。在战术指导上强调集中绝对优势兵力、火力打开突破口，突破后对敌进行分割包围，并保持向敌纵深进行连续突击的优势力量。

当时，美军在遭受第二次战役的惨败后，一时被志愿军打晕了头，对志愿军的力量做出了过高估计。12 月 29 日，参谋长联席会议致电麦克阿瑟称："从获得的所有估计来看，中国似乎有能力把我们的部队赶出朝鲜，只要他们想这么做。"麦克阿瑟还被要求"在主要考虑你的部队安全的情况下，在一系列相连的阵地上继续进行防御，尽可能给在朝鲜的敌对部队予以打击”。

然而，新接任美第 8 集团军司令的李奇微到达朝鲜并视察情况后，马上表示不同意撤退，并建议一旦实力允许便立即恢复攻势。最后，受到鼓舞的美国军方决定先观察形势，力争守住南朝鲜。李奇微决心重振美军士气，一下子撤换了 5 个师长，并争得了对美第 10 军的指挥权。他吸取了被志愿军迂回穿插的教训，迅速在三八线以南纵深地区建立了 5 道防线（分别称为 A 线、B 线、C 线、D 线、E 线）。

李奇微的部署将南朝鲜军放在第一线，美英军放在第二线，并大部集结于汉城周围及汉江南北地区之交通要道上，摆出能守则守，不能守则随时准备撤退的姿态。这时“联合国军”的前线作战兵力有 25 万人，但普遍士气低落，无心恋战。

人物档案

马修·李奇微

1895.3.3—1993.7.26

美国陆军上将，1917 年毕业于西点军校。朝鲜战争爆发后，于 1950 年 12 月任美国第 8 集团军司令兼“联合国军”地面部队司令。他经常在作战服上挂上 1 颗手雷，以突出个人形象，并表现出身体力行的领导艺术。在志愿军发动第三次战役后，他曾率美军反击并遏制志愿军攻势。

1951 年 4 月，他接替麦克阿瑟任“联合国军”总司令、驻日盟军最高司令和远东美军总司令。

李奇微曾说：“这里确定无疑地有一种紧张不安、大难将临、动荡不安的气氛，一种惊恐未定的精神状态。”李奇微还对他的士兵们说，你们的“步兵老祖宗倘若真能看到这支军队目前的状况是会气得在坟墓里打滚的”。

志愿军突破临津江

第三次战役于新年前夕展开。1950 年 12 月 29 日黄昏，大雪纷飞，志愿军的 3 个炮兵师进入了阵地。次日，所有的重炮四周都用树枝和雪巧妙地伪装起来。志愿军向汉城进攻的各战斗梯队都已各就各位。31 日黎明，所有的战士都已经在地下掩体里藏好，没有一个人、一匹马、一杆枪或一枚炮弹暴露。

31 日下午 4 时，志愿军的 100 多门火炮在主要突击方向进行了火力准备，一束束火光、一阵阵天崩地裂的轰鸣打破了战场周围的宁静。成群的炮弹像暴风雨似的飞向“联合国军”的工事、地垒、雷区、铁丝网阵地，临津江南岸的敌阵地顿时变成了一片火海。战壕里的步兵兴奋地大喊：“咱们的炮兵！”这是抗美援朝战争中志愿军第一次大规模使用炮兵。

短暂的炮击一结束，3 颗信号弹升起，志愿军冒着零下 30 摄氏度的严寒，从战壕中跃出，军号声、冲锋的喊杀声震荡山谷和野岭。战士们闯过雷场，徒涉临津江，英勇地杀向敌阵。

抗美援朝第三次战役打响了。这既是中朝两国军队第一次联合作战，也是志愿军入朝以来第一次对有准备的防御之敌发起的进攻战役。

突破临津江防线的重任是由志愿军第 39 军第 116 师承担的。第 116 师在进攻前已将地形摸了个一清二楚，然后经慎重考虑，决定走一步险棋，将突破点选在临津江对岸易守难攻、弯向敌方的地段，理由是地形对我不利，敌必疏于防范。

更大胆的是第 116 师还提前一天将 7500 余人和 70 余门火炮潜伏在距敌阵地前沿仅 150~300 米的地段，连军长吴信泉都认为这个作战方案比较冒险。在军作战会议上经过激烈争论后，吴信泉最后拍板：不出奇兵，难以制胜！

果然，战斗一打响，防守此处的南朝鲜第 1 师就被打了个措手不及。第 116 师将士从雪原上忽然跃起，仅用 5 分钟时间就渡过了临津江，大多数南朝鲜士兵几乎来不及反应就被打得狼狈不堪。多年后，刘伯承元帅在南京军事学院给将官们上战役课时破天荒地对第 116 师突破临津江这一战斗打了满分，总参谋部还将此次战斗作为师进攻的典范，印发材料供院校和部队学习。

第 116 师第 347 团 7 连渡江后，奉命夺取并守卫釜谷里南山阵地，后遭受英第 29 旅皇家来复枪团反复攻击。战到最后，1 月 3 日下午，全连弹药耗尽，班以上干部全部牺牲，仅剩 7 人继续战斗。英军再次发起进攻时，7 连司号员郑起突然吹响了军号。英军一听号声惊慌失措，以为志愿军要发起冲锋，纷纷掉头撤退。此后，“一把军号退敌兵”的故事成为抗美援朝战场上的奇迹，被世人传颂。

志愿军二级战斗英雄、特等功臣郑起的军号

此外，第 116 师还创造了一个“抗美援朝之最”。突破临津江后，该师继续向南猛攻 100 多千米，一直打到了三七线附近的水原，成为抗美援朝战争中志愿军往南攻得最远的一个师。

在志愿军第 39 军突破临津江的同时，第 38 军在汉滩川上架起了一座浮桥，仅用 10 分钟就从这座桥上一举突破成功，扫倒一片敌军后才发现这批尸体的鼻子特别大，原来是美国人。第 38 军原来还以为守卫第一道防线的全是南朝鲜兵呢，这一下部队士气更加振奋，一举攻克了号称“固若金汤”的敌阵地，向敌军纵深突入 20 多千米。

志愿军第 40、50 军在第 38、39 军两侧也全线突破临津江，左翼的第 42、66 军同样进展顺利。在 200 千米宽的战线上，20 万志愿军将士冒着枪林弹雨奋勇向前，与“联合国军”展开了世界战争史上罕见的激烈搏杀。仅用了 1 小时，志愿军就全线突破了被“联合国军”吹嘘为“铜墙铁壁的临津江”防线。

这次战役企图的隐蔽性和志愿军出色的伪装技能在世界军事史上写下了浓墨重彩的一笔，连刚刚上任的李奇微都不得不沮丧地承认：“真没想到中国军人在这片毫无生机的荒原上发起了元旦攻势。”

“联合国军”全线溃退

受志司的委托，志愿军副司令员韩先楚到前线统一指挥右翼的 4 个军向前猛攻。韩先楚跟着第 40 军司令部一起越过了三八线，不久就传来了好消息，继第一条防线之后，李奇微的第二条防线也被突破了，而且部队还包围了近 2 个师的美军。

然而，到了夜晚，志愿军被围美军用坦克围成圈，躲在里面不出来，手中的轻武器打不了坦克，炮兵又跟不上来，只好望着瓮中之鳖叹气。天一亮，大批美军飞机就会进行低空扫射、轰炸，掩护美军突围，地面上的“铁乌龟”也爬起来了，汽车也动起来了，躲在山上防空的志愿军战士们只好眼睁睁地看着敌军逃跑，最后只有少量美军被歼。

在志愿军右翼4个军向南猛攻的同时，由第42军军长吴瑞林指挥的左翼2个军也在奋勇突破。第42军先用第125师一举突破天险——道城岘，又用第124师顺着突破口向南猛插，于1951年1月1日12时迂回到石长里附近。吴瑞林要占领交通枢纽——济宁里，于是命令第42军全速南进，堵住南逃的南朝鲜第2、5师退路，与正面进攻的第66军合力全歼这2个师。

至此，像无法遏制的雪崩一样，“联合国军”全线大溃败。李奇微决心以身作则去阻止溃军，把溃兵赶回前线，但形势是令人绝望的。他后来回忆道:“在汉城北面几里路，我碰上了第一批败兵，他们想尽快南逃到汉城去。他们把武器抛掉了，只有几个人还带着步枪。我把吉普车横在路中心，阻止这条人流，然后设法找出他们的长官来。以前我从来没有这种经验，我希望以后再也不做这种事，因为要设法拦住一支败军，就等于拦一次雪崩一样……”

这当然说的是南朝鲜军，李奇微的讽刺挖苦伤了南朝鲜军的自尊心，因此他们的战史也毫不客气地反击说:“‘联合国军’的士兵扔掉了所有的重炮、机关枪等支援武器，爬上卡车向南疾驰，车上的人多得连个小孩子都不能挤上去了，甚至携带步枪的人也寥寥无几。他们只有一个念头：把那可怕的敌人甩掉几英里，拼命跑呀！跑呀！控制不住的后退狂潮漫延开了。”

这部分描述反映了美军的实际情况。李奇微也试图去拦住美第24师的溃兵，发现“他们像皮球一样泄了气”。

乘胜攻占汉城

由于汉城以东南朝鲜军队的溃逃，汉城地区的10余万“联合国军”陷入被中朝部队从右翼实施深远包围，在汉江以北背水作战的危险之中。李奇微只好无奈地下令：有秩序地放弃汉城。

1951 年 1 月 3 日下午，志司的情报参谋向彭德怀报告：“收听到美国无线电报话机里要撤离汉城的对话。”彭德怀立刻命令第 39、50 军和朝鲜人民军第 1 军团攻击汉城。

中朝两国军队在数百里长的战线上展开了排山倒海般的追击。尽管“联合国军”是机械化部队，跑得快，志愿军靠两条腿追击则很难抓住大股敌人，但战士们依然士气高昂，不断扩大战果。

由曾泽生军长率领的志愿军第 50 军在追击途中打垮了美军 1 个营的阻击，然后与在议政府担任掩护美军撤退任务的英第 29 旅狭路相逢。英第 29 旅曾是第二次世界大战的功勋部队，参加过诺曼底登陆战役。虽然大部分英军在坦克、飞机掩护下逃跑了，但是还有一支分队永远回不去英国了。

就在 1 月 3 日这天，志愿军第 50 军第 149 师在高阳截断了英第 29 旅皇家奥斯特来复枪团第 1 营和第 8 骑兵（坦克）团直属中队的退路。当天晚上，在朦胧的夜色中，英军的大队坦克像一群钢铁怪物，向志愿军埋伏圈逼近。志愿军首先炸毁了其先头坦克，然后将英军行进纵队拦腰斩断，趁其混乱时靠近攻击英军坦克群。

许多志愿军战士从未见过坦克，但仍毫不畏惧地提着爆破筒、扛着炸药包、拿着集束手榴弹冲向 50 吨重的英国坦克，有些战士离爆炸点太近而被震得吐血……经过 3 个多小时的战斗，志愿军全歼了皇家重坦克营，公路上、田野里到处都是被击毁的燃烧着的英军坦克。

1951 年 1 月 4 日傍晚，大雪纷飞，志愿军第 50、39 军各一部和朝鲜人民军第 1 军团进入汉城。朝鲜民主主义人民共和国的国旗再度飘扬在政府大楼楼顶。志愿军第 39 军因为解放了平壤和汉城两个地方而名扬天下。

志愿军战士冲进美第 8 集团军司令部后看到墙上钉着一件睡衣，旁边还有一行字——第 8 集团军司令官谨向中国军队总司令官致意！这是李奇微的杰作。

志愿军缴获的英军皇家奥斯特来复枪团臂章

志愿军缴获的英军皇家奥斯特来复枪团胸章

适时收兵三七线

1951 年 1 月 6 日，《人民日报》头版刊登《中国各民主党派电朝鲜人民：祝贺光复汉城大胜利》。1 月 7 日，《人民日报》头条新闻又是《各地人民欢庆汉城解放》。《人民日报》的社论中写道："向大田前进！向大丘前进！向釜山前进！把不肯撤出的美国侵略者赶下海去！"

对于国内的庆贺报道，彭德怀当时便认为不妥，他对身边的人说，志愿军是一军（陆军）对敌人三军（陆、海、空军），敌人的武器装备占绝对优势，放弃汉城不过是应急措施，肯定还会反攻的，如果敌军重占汉城，可怎么向祖国人民交代呢？

此时，国内人民并不了解在志愿军攻城略地、连战连捷的同时，也面临着前所未有的严重困难。从三八线到三七线中间相距 100 多千米的地区，由于战争双方残酷的拉锯战，加上南朝鲜方面的欺骗宣传，老百姓都跑光了，房子全烧了，志愿军本来就薄弱的补给线又延长了 200 千米，几近断裂。志愿军连维持基本生存的粮食都不能保障，更不要说御寒衣物和弹药了。

志愿军部队中疾病蔓延，尤以冻伤最为严重，第二、三次战役后大批手脚被冻得发黑的战士陡然增多。彭德怀忧心忡忡，他下定决心，不能再盲目追击了。在此重要时刻，毛泽东同意了志愿军停止追击的意见，也了解了前线的一些困难，反对速胜情绪，不过在连续 3 次战役胜利之后，总的战略基点已放到了解放全朝鲜之上。

1 月 8 日，彭德怀果断命令第 50 军正向南挺进的 1 个团转入防御，同日，中朝部队在三七线全线停止前进。至此，抗美援朝第三次战役胜利结束。

第三次战役示意图

第三次战役，志愿军同朝鲜人民军并肩作战，迅速突破“联合国军”的三八线既设阵地和纵深防御，粉碎了其争取时间、整军再战的企图，毙伤俘敌 1.9 万余人（其中志愿军歼敌 1.2 万余人），占领汉城，将战线推进到北纬 37 度线附近地区。此次战役中，志愿军伤亡 5800 余人。

二 鏖战汉江南岸

搞好中朝团结

第三次战役结束以后，彭德怀和金日成在是否休整一段时间再南进的问题上有着不同看法。毛泽东赞同彭德怀的意见，即志愿军在仁川及汉江以北先休整 2~3 个月。但他又认为，必须尊重朝鲜同志的意见，特别是要注意同他们搞好团结。

1951 年 1 月 19 日，毛泽东在修改彭德怀准备在中朝军队高级干部联席会议上作的报告时特意加写了一大段话：“中朝两国同志要亲如兄弟般地团结在一起，休戚与共，生死相依，为战胜共同敌人而奋斗到底。中国同志必须将朝鲜的事情看做自己的事情一样，教育指挥员战斗员爱护朝鲜的一山一水一草一木，不拿朝鲜人民的一针一线，……只要我们能够这样做，最后胜利就一定会得到。”他还用电报把这段话转告给志愿军党委。

1 月 20 日，彭德怀立即将电报在志愿军党委会上做了传达，并决定在 1 月 25 日召开的两军高级干部联席会议上，要把虚心向朝鲜同志学习、团结朝鲜军民作为会议的一项重要内容。自此，直至签订停战协议，中朝两党、两军再也没有发生过类似的争论。

胜利使中、苏、朝内部出现了短暂的争论，但失败已经让美国内部大乱。

美国主动求和

面对吃了败仗的现实，杜鲁门唯恐中朝军队继续南进，于 1951 年 1 月 13 日让联合国通过了一个先停火后谈判的“五步建议”并转交中国。美国人主动求和，这是历史上从未有过的。应该说，美国人由于连吃败仗，发生了战略性判断错误，他们过低估计了志愿军的困难，过高估计了志愿军的实力。

1 月 14 日，毛泽东致电彭德怀，认为美国人接下去可能有两个动向：不是在我军冲击下，略微抵抗便退出南朝鲜，就是在大丘、釜山负隅顽抗，被我军打得无法立足而退出南朝鲜。

彭德怀也认为，志愿军入朝以来连战连捷，只要粮弹充足，休整得好，没有理由消灭不了美军、解放不了全朝鲜。他迅速定了下一战役的目标：“连续作战，一气呵成，全歼敌人，全部解放朝鲜……”

这时李奇微日夜奔波在前线忙着调兵遣将，向美第 8 集团军补充了大批老兵，把从元山撤回来的美第 10 军也调往了第一线，还运来了许多重型武器。此时，“联合国军”在前线的作战部队有 7 个美国师、8 个南朝鲜师和 2 个英国旅，共计 25 万人。而彭德怀的一线部队只有 28 万人，其中志愿军仅有 6 个军 21 万人，兵力虽多于“联合国军”，但火力和后勤与其差距太大。志愿军面对的形势十分严峻。

老谋深算的李奇微就要实践他上任时讲过的“一有机会，就实施反攻”的承诺了。他向视察前线的美军高层断言，中国军队因运输线延长，补给困难，已经达到进攻的顶点，成为强弩之末了。而美军大反攻的准备正在紧锣密鼓地进行。这让美国当局松了一口气，看来谈判已经没有必要了。

李奇微的“磁性战术”

1951年1月15日，李奇微小心翼翼地发起“猎犬行动”。

所谓“猎犬行动”就是被打怕了的美军像嗅觉灵敏的猎犬一样，不断地通过进攻试探着猎物的反应。李奇微派出一个加强团的“联合国军”在水原与利川之间开始试探性进攻，每天用汽车装上步兵跟在小群坦克的后面，在正面进行火力侦察，一旦碰上志愿军主力就立刻后退，然后用炮兵、空军猛轰志愿军阵地。如果他们发现志愿军阵地薄弱，便立刻强攻抢占要点。这就是李奇微所谓的“磁性战术”。

此外，有着丰富实战经验的李奇微经过潜心研究，发现志愿军在3次战役中对“联合国军”发动的攻击每次都正好持续了8天。他敏锐地意识到出现这种状况并非巧合，而是因为志愿军后勤补给方式太落后，加上美国空军的空中封锁，使其战斗物资只能维持一周的作战行动之需。一旦粮食和弹药消耗殆尽，志愿军攻势只能被迫停止。

李奇微想，为什么中国军队总在夜里发起攻势，而且往往在满月之时？他仔细翻看日历，发现原来中国人在夜晚作战为的是避开强大的美国空军的攻击，但要进行大规模夜战必须要靠月光照明，所以中国人总是选择月圆的前几天发动攻击，因为这时的月亮会越来越亮，打到“礼拜攻势”[①]高潮时正好是最亮的时刻。

李奇微决心利用志愿军“礼拜攻势”的弱点，在志愿军猛烈攻势接近

① 指维持一礼拜的攻势。

尾声的时候再将强大的反击力量投入前线，向弹尽粮绝的志愿军反扑，并死死缠住志愿军。

彭德怀的“西顶东放”作战方针

1951 年 1 月 25 日，李奇微断然展开了“霹雳行动”，向志愿军展开了大规模的反攻，速度之快出乎志愿军领导人的意料。李奇微这次反扑以美军和南朝鲜军混合编组，美军重点置于西线担任主攻，南朝鲜军重点置于东线担任辅助攻击。

彭德怀立即中止正在召开的中朝两军高级干部会议，决定停止休整转入防御。彭德怀决定采取“西顶东放”的作战方针，即西线在汉江南岸顶住美军，东线将南朝鲜军有计划地放进来，在运动中寻机歼敌。

汉江南岸节节阻击

1951 年 1 月 25 日—2 月 16 日，志愿军第 50 军和第 38 军第 112 师等部在汉江以南进行了 20 余天的阵地防御战，阻击向汉城进攻的美第 1 军。与前 3 次运动战不同，这次防御战是抗美援朝战争中第一次大规模的防御作战，在天寒地冻、粮弹供应十分困难、工程器材异常缺乏的情况下，志愿军只能依托简陋的野战工事作战，其惨烈程度前所未有。

在第 50 军坚守的修理山阵地，战斗达到白热化后，美军为了保障一个排的攻击行动，在反复的火力打击后，一次就有 20 挺重机枪、5 门自行高射炮伴随四五十个士兵扑向志愿军阵地。在美军的凝固汽油弹反复烧过、炮弹反复炸过之后应该不可能还有任何人生存的废墟上，奇迹般地又站起来一群志愿军战士，一阵弹雨将这群美国兵撂倒了一半，剩余

志愿军第50军第149师第447团荣获“白云山团”称号及奖旗

的连滚带爬地退了下去。打到最后，志愿军子弹打完了，手榴弹也用完了，就用石头去砸敌人。

在白云山阵地，第50军第447团发挥滇军擅打山地防御战的特点，利用大量反斜面掩体避免美军炮火杀伤，并不一味死守，而是留出预备队随时顶上去，多次组织连以上反击，与美第25师鏖战11个昼夜，以伤亡344人的代价毙伤美军1400余人，为主力部队争取到了宝贵的时间。第447团被志愿军总部授予“白云山团”的荣誉称号。

在这种防御难度空前的形势下，志愿军参战部队表现得极为顽强，经过14天节节阻击和反复争夺，美军只前进了18千米，并付出了1万余人的伤亡代价。志愿军也承受了巨大的损失，第50军主力于2月7日向江北转移。美第1军再次进占已被朝鲜人民军主动放弃的仁川。志愿军第38军主力仍留在汉江以南坚守阵地，以掩护东线志愿军主力向横城地区集结，保障东线部队的侧翼安全。

从2月8日起，美第9军几乎所有的部队都将攻击矛头指向了第38军主力。第38军迎来了该军成立以来最严峻的考验。空中无数敌机在阵地上空扔下成千上万吨的炸弹，美军各类重炮日夜不停地倾泻着大口径炮弹，炮击过后成群的坦克和无数的“联合国军”士兵开始发起冲锋，被打退之后再重复一次轰炸、炮击、冲锋的程序，这便是李奇微的“火海战术”。

在这样猛烈的火力面前，第38军一夜修筑的工事往往在1小时内即被摧毁，部队伤亡惨重，不少阵地上经常是全部战士壮烈牺牲。第 38 军以“人在阵地在，誓与阵地共存亡”的超人意志，前仆后继，沉着应战，白天隐蔽坚守，晚上反击夺回失地，又顽强坚持了 11 个昼夜，完成了艰巨的任务，有力地配合了东线志愿军主力反突击的胜利。2 月中旬，汉江开始解冻，为避免背水作战，志愿军第 50 军和第 38 军一部才于 2 月 18 日前全部撤到汉江以北。

横城反击战

正当汉江南岸形势日益严峻之时，1951 年 2 月 4 日，彭德怀致电毛泽东，提出由邓华集团在 12 日前后于东线横城地区寻歼敌一两个师，使西线之敌停止于汉城。

毛泽东和中央军委同意彭德怀的部署，并考虑到技术优势明显的敌军反扑来势凶猛，长期的消耗战不可避免，部队在前线难以做必要的休整补充，因此志愿军应采取轮番作战的方式。2 月 7 日，中央军委发电报给志愿军和各军区，决定编组三番作战部队，轮番作战，轮番休整。

2 月 11 日下午，第 38 军仍在汉江南岸血战的同时，邓华集团的 4 个军向横城敌军进攻，拉开了横城反击战的序幕。战斗进行得十分顺利，志愿军 4 个军和朝鲜人民军 2 个军团以迂回穿插战术，在夜间利用敌空隙大胆深入，一夜间就粉碎了横城地区南朝鲜军 3 个师的抵抗。

在战斗打响后，志愿军第 40 军第 118 师派出第 352 团向敌后穿插，去占领广田，封死南朝鲜第 8 师第 21 团的退路。一路上，志愿军看到不少散乱的南朝鲜兵，根本不予理睬，继续急速前进。到了天黑时，部队拉开距离，经常有南朝鲜兵稀里糊涂地跟上来，插队行军，直到前面向后传下口令，南朝鲜兵不懂汉语，才暴露了身份，乖乖缴械当了俘虏。

11 日夜，当第 352 团第 3 营进至广田附近时突然从西南方向传来隆隆的马达声。只见 1 辆敌军吉普车在前面引路，后面跟着 100 多辆卡车和炮车，都开着大灯。面对突发情况，第 3 营迅速反应，抢占公路两旁阵地，向这支敌军发动突然袭击。美军军史记载：“当时，美军一个炮兵连在一支护卫队掩护下，正沿着横城西北 3 英里一条狭窄公路北上，显然没有任何侧翼保护……接着中国人突然向美军炮兵蜂拥而来。500 多人仅 3 人幸存。”

第 352 团在战后审俘时才弄清楚，这是美第 2 师第 8 团第 1 营及 1 个 105 毫米榴弹炮营、1 个高炮连，奉命前来支援南朝鲜第 8 师的，结果在遭遇战中全军覆没。这一仗缴获的火炮之多足足可以装备志愿军一两个炮兵师。

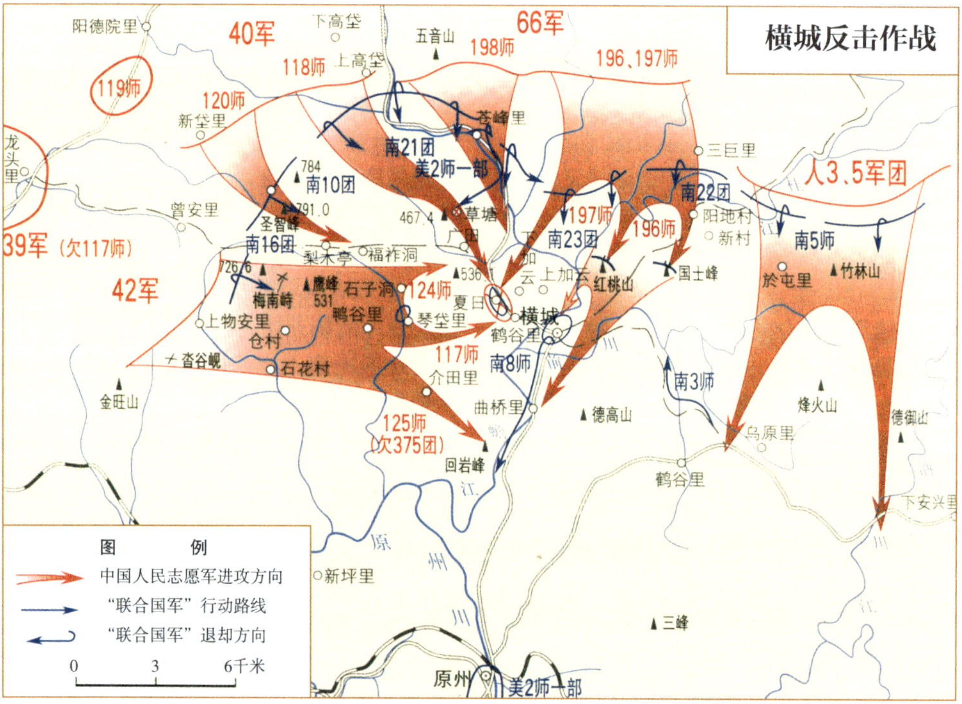

横城反击作战示意图

2月12日凌晨，横城以北南朝鲜第8师3个团已被志愿军全部包围分割，大部分被歼灭。横城反击战歼灭南朝鲜军第8师3个团全部及第3、5师和美军第2师各一部，共1.2万余人，其中俘敌7800余人，给“联合国军”以沉重打击，迫其后退26千米，对减缓敌军在全线的反扑起了重要作用。

三 规模空前的大战

砥平里之战

横城反击战之前，志愿军曾有先打砥平里还是先打横城的不同意见。砥平里位于东西线敌军的接合部，横城则有大量南朝鲜军。打横城可以大量歼敌，打砥平里则可以攻克要点，最终决定还是先打横城比较有把握。而在横城反击战胜利后，志愿军的下一个目标则是砥平里。

1951年2月13日，志愿军乘胜向砥平里发起攻击。在此防御的有美第2师的1个团和1个法国营，共6000人，构筑了坚固的环形工事，还有20辆坦克。李奇微的想法是既然志愿军认为攻占砥平里绝对必要，那么无论付出多大代价都必须坚守，不许后退！

对主要依靠步兵攻击的志愿军来说，砥平里已经成了一个难啃的“钢核桃”。由于志愿军对敌情判断失误，认为只有不到4个营的准备逃跑的敌军，便仓促发动进攻，前后投入了3个军的8个团。负责战场统一指挥的第 40 军的师长连一些团长的名字都叫不出来，而且由于通信手段落后，打起仗来各团之间根本不可能协同，只能各打各的。

经过通宵血战，志愿军主攻的 2 个团竟没能占领一块敌人的主阵地，反而有大量伤亡。在砥平里其他几个方向，另几个团也进展不顺。由于对地形不熟，有个团在黑暗中攻下了和砥平里地形差不多的马山，另一个团则兴奋地报告：“已经占领砥平里！”事实上该团攻占的只是另一个山村。

在混战中，天亮了。白天就是美国飞机的天下了。在这样一个弹丸之地集中了无数的敌机，整整轰炸了一个上午。到了中午，砥平里被包围的美法军用坦克开路，在飞机掩护下大举反击。志愿军只好固守几个简陋的出发阵地，在火网中成批倒下。

志愿军终于撑到了天黑，而白天出击的美法军全部缩回了环形防线。于是，头天的攻击又重演了。

14 日夜，美军飞机扔下了大批照明弹。在刺眼的白光下，上万名志愿军从四面八方猛攻方圆不到 2 平方千米的砥平里防线，美军则凭借炮火形成一道密集的火力屏障，竭力阻止志愿军接近阵地，而志愿军的攻击部队只有 3 个炮兵连的十几门火炮掩护，全部炮弹只有不到 400 发，2 分钟不到就全打光了。

志愿军在付出巨大牺牲后终于冲过了一道道炮火屏障，靠近了环形防线。眼看美军就要顶不住了，可这时天空又出现了中国人不愿看到的亮色，天又亮了。

打到 15 日，砥平里的战局仍僵持不下。李奇微严令美骑兵第 1 师第 5 团派出 10 多辆坦克突进了砥平里环形防线，而参战的志愿军部队此时已接近弹尽粮绝。15 日夜，在漫天的大雪中，志愿军只好撤出战斗。

因此，美军认准了志愿军火力极弱，攻坚能力较差，即使穿插突破也难以实施大纵深攻击。美军再也不像从前那样一遭迂回穿插即全线撤退，而是开始敢于固守据点了。美国于此役后坚定了在朝鲜打下去的决心。

转入运动防御

从砥平里撤退之后，1951 年 2 月 17 日，彭德怀正式决定全线转入运动防御，准备争取两个月时间，以集结兵力，改善交通运输，囤积作战物资，待诱敌深入，置汉江于敌背后，待国内的战略预备队赶到后再进行反击。

彭德怀认为，一线部队连续作战大量减员，二线轮换部队第 19 兵团还在鸭绿江边，在美军严密空中封锁下靠夜间徒步行军到达前线需很长时间。他认为这种严峻的形势并不是在电报上三言两语能够讲清的，便于 2 月 16 日急电毛泽东要求回北京汇报，并立刻得到了同意。

2 月 21 日下午 1 点，彭德怀回到北京，一下飞机就驱车直奔毛泽东住处玉泉山，详细讲述了战场上的严重困难，仔细阐明了不能速胜的观点，并强调如不能有效地保障后方的交通运输，则无法坚持长期作战。毛泽东表态，朝鲜战争“能速胜则速胜，不能速胜则缓胜”。这给彭德怀吃了一颗定心丸。

正当彭德怀返回北京汇报之际，在朝鲜前线，“联合国军”攻势不减。2 月 19 日，“联合国军”首先在东线发动进攻，此后连续发动“屠夫行动”“霹雳行动”“撕裂者行动”等一系列攻势，向北推进。

中朝两军以空间换取时间，以运动防御节节抗击敌军攻势。各军采取兵力配备“前轻后重”、火力配备“前重后轻”的原则，只以少数兵力坚守前沿各个支撑点，多数兵力分散隐蔽在阵地后方，各种火器适当前推，并有层次地分散隐蔽，当敌人步兵接近阵地时再突然集中开火。歼灭较多敌人后，再利用夜间转移到新阵地。中朝两军以阻击结合反击、伏击、袭击等各种手段，依托每一个阵地与进攻之敌进行逐山逐水的争夺，歼灭了大量“联合国军”。

进入 3 月中旬后，“联合国军”已从三面逼近汉城，中朝前线部队因粮弹缺乏而难以固守。于是，3 月 13 日—14 日，朝鲜人民军第 1 军团根据中朝联司的命令主动放弃汉城。中朝部队且战且退，然而李奇微占不了丝毫便宜，因此时正值朝鲜半岛上冰雪融化，泥泞的公路迟滞了敌机械化部队前进。至 4 月初，中朝部队已基本撤至三八线附近。4 月 21 日，因李奇微发现志愿军新锐部队到达，心有余悸的他下令停止进攻，第四次战役结束。

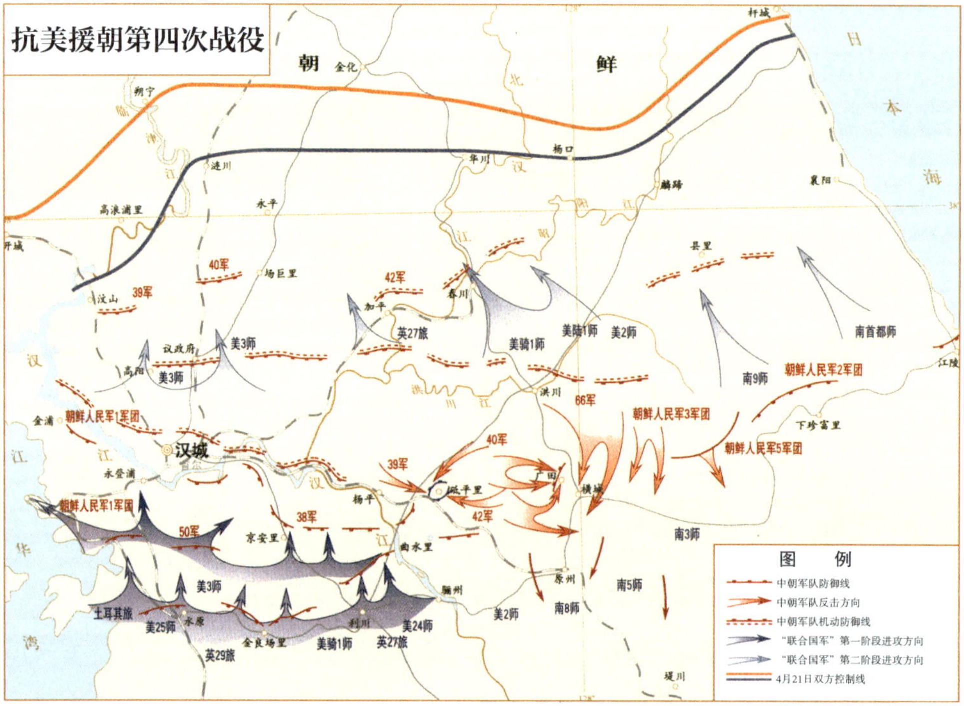

第四次战役示意图

第四次战役，志愿军和朝鲜人民军在非常艰难的条件下进行坚守防御、战役反击和运动防御作战，历时 87 天，毙伤俘敌 7.8 万余人（其中志愿军歼敌 5.3 万余人），完成了防御任务，赢得了时间，掩护了志愿军后续兵团集结，为进行第五次战役创造了有利条件。此役，志愿军伤亡 4.2 万余人。

不能扩大战争的理由

在第四次战役正在进行之时，“联合国军”总司令麦克阿瑟突然被杜鲁门解职，根本原因是麦克阿瑟坚持局部战区的利益，与美国政府的全球战略发生了尖锐冲突。美国当局对桀骜不驯的麦克阿瑟早已不满。在美军进抵三八线时，麦克阿瑟又未经美国政府授权便于 1951 年 3 月 24 日发表威胁性声明，扬言如果“将军事行动扩展到它的沿海地区和陆上基地，那意味着中国面临着军事溃败的危险”。

这一狂妄声明没有引起中国政府的特别重视，却激怒了杜鲁门和其他美国军政要员。4 月 11 日，杜鲁门用发布公开广播将其撤职的方式回敬了麦克阿瑟。随后，美国参谋长联席会议主席布莱德雷对不能扩大战争的理由做了解释：“把战争扩大到中国，会把我们卷入一个错误的地方、错误的时间，同错误的敌人进行一场错误的战争中。”

第四次战役对于志愿军而言是一次非常艰苦的战役。在这次战役期间，中共中央和志愿军的战略设想和目的随着形势的发展而不断变化，最终达成了以空间换取时间、迟滞敌军以待预备队到达后再反击的战役目的。

对于这次战役，刚刚走马上任的“联合国军”总司令李奇微也承认，这次作战“主要目的在于俘虏和消灭敌军有生力量，缴获和摧毁其武器装备。从这种意义上讲，这次作战没有获得完全成功”。

在这次战役期间，交战双方力量开始形成均势，毛泽东和其他领导人都认识到战争将是长期的。新中国在战争中显示出的巨大潜力，加上当时的国际形势，已使美国政府从全球战略出发确定不扩大战争。麦克阿瑟被撤职后，中共中央领导人也感到欣慰。在决定入朝参战之前，毛泽东力争把战争控制在朝鲜境内的预想已被事实证明是可以实现的。

发起第五次战役

在 1951 年春季，因朝鲜战局已经趋于稳定，毛泽东虽每天仍过问战局，但主要精力已放在处理国内其他事务上了。当时中央军委工作由周恩来主持，朝鲜前线的具体作战指挥仍由彭德怀负责。

当“联合国军”再次进抵三八线时，美国就策划在朝鲜蜂腰部建立新的防线，企图从中朝军队侧后登陆，重演一次“仁川登陆”，配合正面部队，南北夹击，将中朝军队赶到蜂腰部以北。

志愿军方面，在第四次战役期间，从 2 月间国内的战略预备队第 19 兵团进入朝鲜，第 3 兵团正在调动之时，毛泽东就考虑第二番部队到达后即展开反攻。彭德怀也早在 3 月 14 日便提出“下一次战役是带决定性的一仗”。为了粉碎“联合国军”侧后登陆、南北夹击的计划，中朝军队于 4 月 22 日发起第五次战役。

4 月 22 日黄昏，志愿军第 19、3、9 兵团共 11 个军 33 个师另 4 个炮兵师，加上朝鲜人民军 3 个军团，总共 60 余万人，在全线发起反击。

惊天动地的炮火过后，志愿军左、中、右 3 个突击集团像 3 把尖刀，全线突破了范佛里特（接替李奇微任美第 8 集团军司令）精心设置的防线。

左翼由宋时轮担任司令员的第 9 兵团自长津湖之战后休整了一年，此时重返战场，一下就突破了东线“联合国军”阵地。第 9 兵团主力部队立刻向纵深攻击，24 小时内南进 30 千米，歼灭了南朝鲜第 6 师和美 24 师一部。中央位置的第 3 兵团攻入了中线“联合国军”纵深，切断了东西线敌军之间的联系。

右翼杨得志兵团（第 19 兵团）的第 63 军军长傅崇碧出奇制胜，利用美军认为中国军队不敢白天行动的心理，将第 187 师在白天分多路隐蔽接近临津江，天黑后一举突破了严密设伏的临津江。第 187 师突破后以迅猛的穿插切断了英第 29 旅格罗斯特营的退路，将其死死围在雪马里地区。

人物档案

詹姆斯·范佛里特

1892.3.19—1992.9.23

1915 年毕业于西点军校，此届被称为“将星云集的一届”。1951 年他接替李奇微任第 8 集团军司令，与中朝军队作战，极力主张以猛烈火力消灭对方有生力量，以减少己方的损失，曾在 9 天中消耗炮弹高达 36 万发，平均每门炮每天发射 350 发，被称为“范佛里特弹药量”。

雪马里围歼英国皇家双徽营

格罗斯特营[①] 是英国著名的功勋部队之一，由于曾在 19 世纪远征埃及立过奇功而被授予在军帽上佩戴两颗军徽的殊荣，号称“英国皇家双徽营”。在此前的第三次战役中，英第 29 旅奥斯特来复枪团第 1 营曾因掩护

① 该营正式番号为皇家格罗斯特郡团第1营。

美军撤退而全军覆没，这次李奇微亲赴前线，严令美第 3 师要不惜代价营救格罗斯特营。

志愿军在雪马里包围圈外坚决阻击美第 3 师第 65 团、南朝鲜军第 12 团和菲律宾营等 3 路营救部队。志愿军第 187 师集中兵力连续突击被包围的格罗斯特营，很多战士抱着炸药包和集束手榴弹扑向敌坦克，仅 10 多分钟就击毁 5 辆美军重型坦克。

一个名叫刘光子的志愿军战斗组长顶着密集弹雨只身冲向敌阵，让英军惊恐万状。刘光子冲上阵地后发现了躲在山坳里的一大群英国兵，他先扔了一枚手雷过去，然后一手端着冲锋枪、一手举着手雷，用半生不熟的英语大吼一声："缴枪不杀！"足足有 63 个英国兵全部唰地一下举起了双手。后来，刘光子被总部授予"孤胆英雄"荣誉称号。志愿军此战全歼 1000 多敌军，缴获 18 辆坦克等大批武器装备，打了一个漂亮的歼灭战。

"孤胆英雄"刘光子使用的冲锋枪

英第 29 旅在临津江畔再遭重创，失去了英国皇家双徽营，让英国朝野为之震惊，美国人援救不力的行为让英国人怒火万丈，也让李奇微等美军将领尴尬无比。

然而，志愿军第 19 兵团第 64 军、第 65 军担负着突破临津江之后向议政府穿插的重任，结果在过江之后被美军强大火力拦阻而不能前进。志愿军 5 个师 5 万多人全部挤在临津江南岸十几平方千米的地方动弹不得，整整两天两夜不停地遭到美军的空地火力的猛烈攻击。

从 4 月 22 日起，震耳欲聋的枪炮声响了整整七天七夜才渐渐平息。此时，志愿军已向南突进了六七十千米，第 19 兵团已进逼汉城北郊，美军在第四次战役中进攻 87 天才得到的地盘被志愿军用了仅仅 7 天便夺回大半。至此，第五次战役的第一阶段结束，志愿军歼敌总数达 2.3 万人，但未能成建制地歼灭敌军 1 个团，离预定歼敌 5 个师的计划差得太远了。

打垮南朝鲜第 3 军团

彭德怀并不愿意让这场抗美援朝战争中规模最大的战役就这样草草收场。此时，西线美英军主力被迫退守汉城及汉江南岸之后，整个战线成斜形由西南向东北伸展，把全部由南朝鲜军防御的东线阵地暴露出来，彭德怀等决定让第 3、9 兵团隐蔽东移，集中力量打“联合国军”防线上最弱的一环——东线南朝鲜军。

1951 年 5 月下旬，第五次战役第二阶段的战斗打响了。彭德怀专打东线南朝鲜军的战术收到奇效，西线志愿军第 19 兵团佯攻汉城吸住了美军主力，第 3 兵团再次从中央突破，又将东西线敌人切成了两截。东线担任主攻的第 9 兵团和朝鲜人民军 3 个军团以空前猛烈的炮火猛轰南朝鲜军防线。

中朝两军傍晚突破，夜间穿插，天明合围，迅速占据了南朝鲜第 3 军团撤退的必经之地——五马岭，被打得千疮百孔的南朝鲜 4 个师全部崩溃，副军团长等人带头化整为零，分散逃入大山。许多人在向南逃亡的过程中饿死，4 个师的装备全部扔给了志愿军。李奇微、范佛里特愤怒地撤掉了南朝鲜第 3 军团的番号，勒令其限期解散。

打垮了南朝鲜第 3 军团后，志愿军东线部队继续向南猛插。朝鲜中部山脉均为纵向，部队无法横向机动，志愿军只好一个劲地往南跑，经过 5 天连续奋战，宋时轮兵团在东线普遍推进了 50~60 千米，向南冲得最远的第 12 军已到达三七线，其第 92 兵团竟然插入远达 150 千米，到达三七线以南的下珍富里。范佛里特的防线又被砸出一个窟窿，志愿军又取得大胜。

可惜志愿军早已不堪重负的补给线撑到这个时候终于彻底断裂了。志愿军前线部队基本断粮，第 63 军军长傅崇碧一天的粮食就是一把从大道上捡来的炒黄豆，第 3 兵团的大批指战员只能啃树皮和草根度日，只得停留 3 天等待补给。美军用 2 个师以摩托化行军，十几个小时行进 100 多千米，迅速堵住了缺口。志愿军总部随即下令，春季攻势到此结束，主力转移到三八线以北休整，两个阶段进攻都获得胜利的志愿军带着 8000 名伤员胜利回师，向北撤去。

美军杀出“回马枪”

老谋深算的范佛里特决心要杀个“回马枪”。早在 1951 年 5 月 18 日，中朝两军的攻势尚在高潮时，他就下令美军要在西线和中线进行反攻准备。他认定志愿军的攻势只能维持 5~7 天，粮弹耗尽后必然撤退。他要乘志愿军粮弹全无、忙于撤退时用坦克和摩托化步兵组成“特遣队”，由强大的空军掩护，沿公路向志愿军后方猛插，抢占桥梁和渡口，配合后续部队包围正在撤退的志愿军。

范佛里特已杀红了眼，冒险抽调出全部守备后方的兵力，随即在 5 月 22 日志愿军进攻刚停止时就发动了迅猛的反攻。美骑兵第 1 师第 7 团突击队、美第 25 师“德尔温装甲支队”、美第 10 军“纽曼尖兵”特遣队等武装到牙齿的重装甲支队凶猛地向正在撤退的志愿军后方插去，一直养精蓄锐的 13 个师尾随其后。到 5 月 24 日，志愿军第 12 军军部和下属 2 个师、第 27 军主力和第 60 军第 180 师都被美军截断在三八线以南，志愿军的战役布局被割裂了。

东线几支被围的志愿军部队都是战争经验极其丰富的老部队，很快有惊无险地突出了美军的包围圈。第 27 军不仅全军断粮，而且被美国在朝鲜战场上唯一的空降王牌——第 187 空降团和大量敌坦克截断了退路。但这支三野劲旅纹丝不乱，军长彭德清指挥部队交替掩护，见空就钻，连一支小分队都没有损失就平安撤回了北方。第 12 军也基本完好无损地突出了美军包围圈。

只有第 180 师陷入重围。这甚至惊动了毛泽东，他专门致电彭德怀询问该师的情况。彭德怀亲自下令第 60 军组织救援第 180 师。但该师因领导决策失误，分散突围后损失 7000 余人，几近全军覆没。

铁原阻击战

到了 1951 年 5 月 27 日，彭德怀在全线展开 8 个军的兵力进行阻击。第 63 军刚刚顺利撤过北汉江就接到了彭德怀的严令，要求不惜一切代价，坚守铁原 15~20 天!

在铁原宽达 25 千米的正面上，第 63 军挡住了美军 4 个主力师、1600 门火炮和 400 辆坦克、无数架飞机整整 10 天的猛攻，彭德怀要用第 63 军以鲜血换来的时间建立 3 道防线，并调集兵力准备待敌深入三八线以北后再次进行大规模反击。

战斗是异常残酷的，为给后援部队争取时间，第 63 军党委发出号召，要求全体指战员“勇于挑重担，勇于打恶仗，不叫苦，不叫累，不怕孤军作战，不怕流血牺牲，发挥独立作战能力，像钉子一样，钉在前沿阵地上，要机智勇敢，活在阵地上，战斗在阵地上，将敌人消灭在阵地前”。

在最危急的时候，敌人在 1 小时内向志愿军第 189 师阵地倾泻了数千吨炮弹，有的连队阵地被美军的凝固汽油弹烧焦，泥土被敌炮火炸飞起来 2 米。在连续抵抗十几天并成功完成任务后，35 岁的第 63 军军长傅崇碧整整瘦了 25 斤，部队伤亡达 2 万余人，作为第一梯队的第 189 师幸存的战士只够编为 1 个团。

涟川、铁原地区阻击战作战示意图

当第 63 军终于完成了铁原阻击战的任务，接令撤下阵地时，许多战士身上只剩下一条短裤和一支弹仓空空如也的步枪。彭德怀亲自赶去看望第 63 军的将士们，并答应傅崇碧为该军补充 2 万兵员。

6 月 10 日，美军也无法承受在攻击中越来越大的伤亡人数了，李奇微无奈地承认：“敌人再次以空间换取了时间，并且在其大批部队和补给完整无损的情况下得以安然逃脱。”经过和范佛里特商议，李奇微估计中朝军队即将发起大规模反攻，下令在当日转入全线防御，规模空前的第五次战役至此结束。

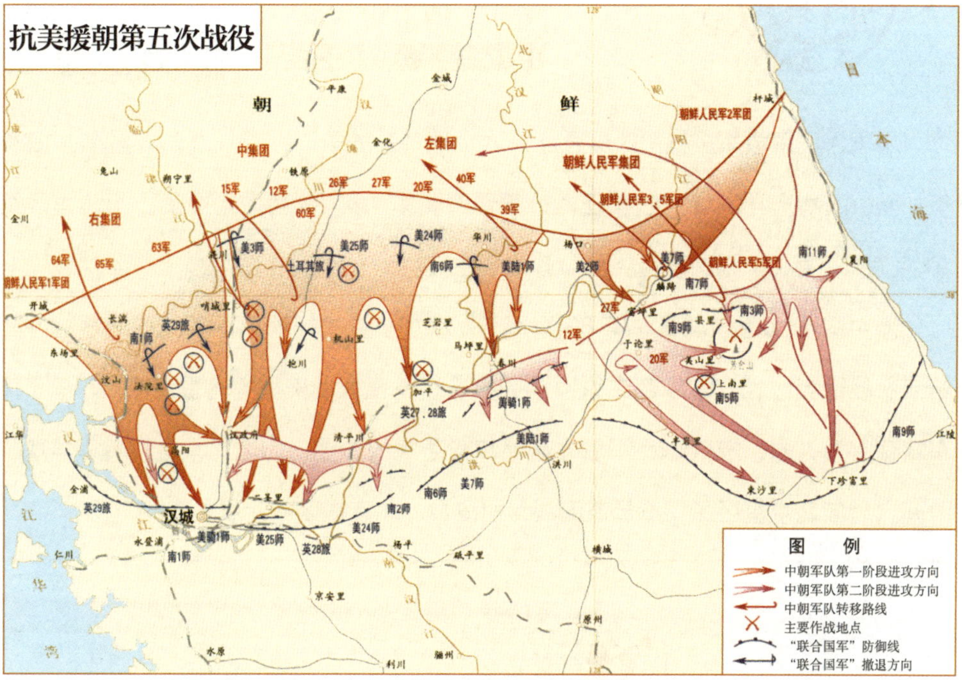

第五次战役示意图

第五次战役历时 50 天，志愿军和朝鲜人民军毙伤俘敌 8.2 万余人（其中志愿军歼敌 6.7 万余人），挫败了“联合国军”以侧后登陆配合正面进攻、在朝鲜蜂腰部建立新防线的企图。经过这次较量，“联合国军”对志愿军和朝鲜人民军的力量重新做出估计，不得不转入战略防御，并接受停战谈判。此役，志愿军伤亡 7.5 万余人。

人物档案

傅崇碧

1916.12.8—2003.1.17

中国人民解放军少将，四川通江人。土地革命战争时期参加红四方面军，1933年加入中国共产党。参加过长征，曾任晋察冀军区第35团政治委员、华北军区第10旅旅长、第64军副政治委员兼政治部主任。

新中国成立后任志愿军第63军军长，参加了抗美援朝第四次战役后期战斗和第五次战役全过程。曾率部在铁原顽强抗击装备强大的美军的轮番进攻，粉碎了美军快速占领铁原、摧毁志愿军后方基地和交通线的企图，为志愿军主力转移争取了时间。后任北京军区副司令员兼卫戍区司令员、北京军区政治委员。

四 第六次战役 备而不发

“零敲牛皮糖”

第五次战役，敌我双方投入百万大军，不仅是我军战史上规模最大的战役，也堪称第二次世界大战后最大的战役。在50天的作战中，志愿军歼敌 6.7 万余人，虽然摆脱了第四次战役所处的被动局面，但也付出了巨大的牺牲，损失 7.5 万余人，是朝鲜战争中唯一一次志愿军伤亡多于敌军的战役。

仗打到这个份儿上，不总结教训是不行的。毛泽东经过深思熟虑，起草了一份指示电报：“历次战役证明我军实行战略或战役性的大迂回，一次包围美军几个师，或一个整师，甚至一个整团，都难达到歼灭任务。……打伪军可以实行战略或战役的大包围，打美英军则在几个月内还不要实行这种大包围，只实行战术的小包围，即每军每次只精心选择敌军一个营或略多一点为对象而全部地包围歼灭之。这样，再打三四个战役，即每个美英师，都再有三四个整营被干净歼灭，则其士气非降低不可，其信心非动摇不可，……至于打的地点，只要敌人肯进，越在北面一些越好，只要不超过平壤、元山线就行了。”

5 月 27 日，彭德怀接到指示后立即致电表示这一军事方针指示完全正确，当按照执行。

就在当天，毛泽东在接见志愿军陈赓副司令员（兼第 3 兵团司令员）和解方参谋长时形象地把采用打小歼灭战的办法称为“零敲牛皮糖”。在打歼灭战的方法和规模上，他说：“一次战役使用三四个军（也可多一点），其他部队整补待机，有机会就打。如此轮番作战，在夏秋冬三季内将敌人削弱，明春则可进行大规模的攻势。”

1951 年 6 月 10 日，美国政府已通过中立国和苏联提出在朝鲜谈判停战的要求。彭德怀在 7 月 1 日给毛泽东的电报中说：“充分准备持久作战和争取和谈达到结束战争的方针是完全必须的。我能掌握和平旗帜，对朝鲜人民、中国人民均有利。坚持以三八线为界，双方均过得去，如美国坚持现在占领区，我即准备八月反击。”彭德怀还设想：如敌北犯甚急，第 3、19

兵团准备不及，即以担任一线防御部队加二梯队 4 个军于 8 月中旬“进行中等性的战役”。

彭德怀根据上述构想，指示志司作战处制订第六次战役的作战计划，准备待朝鲜半岛上的雨季过后于 8 月中旬实施。

暂缓战役计划

8 月 17 日，彭德怀正式下达作战命令，计划出动志愿军 13 个军和朝鲜人民军 4 个军团，以及航空兵 22 个团，一举攻破“联合国军”防线，然后打到三八线以南。进入 8 月后，大军已箭在弦上，蓄势待发。

就在此时，邓华提出了不同意见。他认为，如果就地停战的话中朝方并不吃亏，美军所占东线地区面积稍大却全是山区，人口稀少、土地贫瘠。西线中朝方所占面积虽略小却是平原，人口稠密、土地肥沃，离汉城也近，对敌人威胁同样很大。

他还认为，当前敌人已有强大纵深的坚固设防，而又是现代的立体防御，如果以现有力量和装备发起攻击，其结果有三：一为攻破了敌阵，部分歼灭了敌人；二为攻破了敌阵，赶走了敌人；三为未攻破敌阵，而被迫撤出了战斗。不管哪一结果，伤亡和消耗都很大，尤其后者对我方是很不利的。相反地，如敌军离开其阵地，大举向我方进攻，我方以现有力量是可以将其打垮而求得部分歼灭的，代价也不会很大。

彭德怀不得不承认邓华说得有理，便让他写个建议给毛泽东，并表示第六次战役不是非马上发动不可，也可以缓一缓。

8 月 18 日，邓华的建议送到了毛泽东案前。两天后，毛泽东电示彭德怀，让他考虑邓华的建议。建议中还提出：“纵目前不进行战役反击，也当尽可能作战术反击，收复些地方，推前接触线，更好地了解敌人阵地及其坚固程度。”毛泽东电令彭德怀予以认真考虑：“九月份能否进行此种战术反击。”

8 月 23 日，彭德怀复电说：“可选择伪军突出部队举行局部进攻。”

当时，美军为了配合其在板门店的谈判，开始对中朝两军施加军事压力，向东线朝鲜人民军阵地实施局部进攻，即 1951 年的夏季局部攻势。紧接着又是秋季局部攻势。中朝两军在积极防御作战和战术反击作战中取得了很大胜利，3 个多月歼敌 16 万余人。“联合国军”自认进攻失败，得不偿失，被迫于 11 月 27 日同中朝方面达成军事分界线协议。自此以后，随着战场形势和停战谈判形势的发展要求，战争形式已重点转到阵地战，志愿军的作战指导思想重点也转到了打小歼灭战上。情况变了，第六次战役计划自然也就不再提及了。

寻找同中国谈判的大门

就在此时，朝鲜战场发生了一个重大转折——美国人再次求和了。

在西方阵营里，英国人出于自身利益考虑，一直在扯美国人的后腿。时任英国首相艾德礼一再提醒杜鲁门，不要忘记主要敌人——苏联，它还四平八稳地安然坐在克里姆林宫，一根毫毛都没动。美国政府终于不情愿地承认：“只有傻瓜才会在碰都没碰共产主义世界的核心的情况下，同中国发生对抗。”解决朝鲜战争的出路只有一条——和中国谈判。

但是，同中国谈判的大门在哪里呢？艾奇逊后来在回忆录中说：“是啊，于是我们就像一群猎狗那样到处去寻找线索。”

当时杜鲁门政府在中国的形象是“老鼠过街，人人喊打”，它帮助蒋介石打内战、入侵台湾海峡而阻挠中国统一、出兵侵略朝鲜。在美国出兵朝鲜的同时，中国开展了轰轰烈烈的“抗美援朝、保家卫国”运动。于是，美国势力在中国大陆的残余被扫荡一空，所有的联系渠道已彻底断开。

为了打开和中国接触的大门，杜鲁门可谓挖空了心思。他甚至还派人到香港去碰运气，结果无功而返。用这种方式与北京联系，仿佛是“把一封信塞进瓶子里，放入旧金山附近的大海里”。

看来直接与北京打交道行不通了。在国务卿艾奇逊指示下，驻欧洲、联合国的美外交官员频频向苏联外交同行送出“秋波”，但对方毫无反应。艾奇逊只好让美国国务院顾问凯南去见苏联驻联合国代表马立克，间接地向北京传达美国想和谈的信息。

毛泽东、周恩来等人很快收到了消息，并从实际出发，对形势做出了客观的判断：志愿军在朝鲜已经取得了毋庸置疑的巨大胜利，将战线从中朝边境向南足足推进了 400 千米，但是想把美国人赶出朝鲜，取得这场战争的彻底胜利，以目前实力也是不现实的。既然如此，那么和谈就很自然地提上了朝中方面的行动日程。

第四章

边谈边打，转入阵地战

一 艰难的谈判

开城谈判启动

抗美援朝战争进行到 1951 年 6 月，志愿军与朝鲜人民军已经歼灭了“联合国军”23 万余人，将其从鸭绿江边赶回到三八线，并把战线稳定在三八线附近地区，战争转入相持阶段。在双方都有意和谈的情况下，谈判的车轮很快便启动了。

6 月 23 日，苏联代表马立克在联合国新闻部发表了希望双方和平谈判的演说，并很快得到美国的响应。

6 月 25 日，杜鲁门在田纳西州表示：“愿意促进朝鲜问题的和平解决。”

6 月 29 日，李奇微按照美国国家安全委员会指示，向朝中方面提出在元山港一艘丹麦伤兵船上举行停战谈判的建议。

7 月 1 日，金日成、彭德怀复电同意举行和谈，并建议将会晤地点改在三八线上的开城地区。美方很快同意。于是，艰难的谈判开始了。

经朝中两党协商，朝鲜停战谈判第一线由外交部副部长、人民革命军事委员会情报部部长李克农主持，顾问乔冠华协助。为了保密，中国谈判代表团称作“工作队”，李克农被称为“李队长”，乔冠华被称为“乔指导员”。考虑到特殊的对敌斗争需要，这两个人只在幕后工作，不直接出面，正面与美国人接触的是 5 位谈判代表：朝鲜人民军总参谋长南日将军（首席代表）、志愿军副司令员邓华、志愿军参谋长解方、朝鲜人民军前线司令部参谋长李朝相、朝鲜人民军第 1 军团参谋长张平山。

为进行有力的谈判斗争，朝中方面组成了三线班子。第一线是朝中代表团谈判代表，与美方在谈判桌上进行面对面的唇枪舌剑；第二线是中方派出的李克农等坐镇开城直接指挥谈判斗争；第三线是毛泽东、周恩来、金日成协商确定有关谈判的总体方案、方针和原则。

谈判开始，第一线的朝中代表白天和对方代表唇枪舌剑，晚上向李克农汇报，一起研究新问题，最后由李克农归纳总结，发电向国内请示。

人物档案

李克农

1899.9.15—1962.2.9

中国人民解放军上将，安徽省巢县（今巢湖市）人。早年在上海从事中共地下工作，被称为打入国民党内部的“龙潭三杰”之一。新中国成立后，任中央情报部部长、外交部副部长、中央军委总情报部部长。

1951 年 7 月，赴朝鲜参加停战谈判，根据中共中央的指示，在幕后坐镇开城，具体指挥一线代表团的谈判斗争。1953 年任解放军副总参谋长兼中共中央调查部部长。1954 年 4 月作为中国政府代表团成员出席讨论和平解决朝鲜问题和恢复印度支那和平的日内瓦会议，协助首席代表周恩来工作。他是中国人民解放军开国上将中唯一一位没有领过兵、打过仗的将领。

“联合国军”方面则是由美国主导，美远东海军司令乔埃海军中将被指定为首席代表，美远东海军副参谋长勃克少将、美远东空军副司令克雷齐少将、美第 8 集团军副参谋长霍治少将、南朝鲜第 1 军团的军团长白善烨少将为代表。

1951 年 7 月 10 日，朝中、“联合国军”代表团于开城来凤庄开始停战谈判。开城是朝鲜高丽王朝的古都，位于三八线南侧，靠近西海岸。来凤庄是开城近郊一所具有东方建筑风格的古朴典雅的庭院。朝鲜停战谈判就在这个庭院正厅内正式展开。

一开始就举步维艰

美国是被迫走上谈判桌的，正如彭德怀所说，“对于这样的谈判是不会甘心情愿地接受的，他无时无刻不在力图翻案”。正是因为如此，所以停战谈判一开始就举步维艰。双方曾经以为谈判会很快结束，乔埃做出最乐观的估计是两个月就能成功，但实际上足足谈了两年多。

美国不放过一切机会施压，甚至在一些细节方面胡搅蛮缠。美方首先要求让记者出席谈判。朝中则认为双方远未达成协议，不应让记者参加。以此为借口，美方代表单方面宣布休会，于 7 月 13 日乘车返回。第一次谈判就这样结束了。

接着，美国人非但不同意外国军队从朝鲜撤军，甚至还否定了自己提出的沿三八线停火、恢复战前状态的提议。双方足足谈了 16 天，才最终确定了谈判议程：①通过议程；②确定军事分界线，以建立非军事区；③实现停火与休战的具体安排；④关于战俘的安排；⑤向双方有关各国政府建议事项。

谈判涉及实质性问题之后，双方的斗争更加尖锐。美方提出的要求是朝中单方面从现在的阵地全线后退 36~68 千米，也就是让出 1.2 万平方千米作为对其优势海空力量的补偿。这遭到朝中方面的断然拒绝。

随后，美国开始在会场周围不断制造事端，妄图通过武力夺取自己在谈判桌上得不到的东西。南朝鲜军枪杀中立区军事警察事件、志愿军排长姚庆祥事件、美国飞机多次轰炸朝中代表团驻地……终于，美国代表撕下遮羞布，开始拍着桌子叫嚷："让炸弹大炮和机关枪去辩论吧！"李奇微也在东京叫嚣："用我'联合国军'的威力，可以达到'联合国军'代表团所要求的分界线的位置。"

由于美方的极端不配合，接下来的谈判几乎都以闹剧收场。有一次，在朝中方代表陈述后，乔埃一言不发，专心致志地玩弄铅笔。整个会场一片寂静，一分钟，两分钟……秘书长柴成文有点急了，他悄悄走出会场，来到会场外的一座帐篷里，问李克农该怎么办，李克农只写了 3 个字——坐下去！大家看到李克农的指示，一个个都沉住了气，和美方代表比起"坐功"来，双方的沉默对抗持续了整整 2 小时 12 分，创下谈判史上的纪录。

这场沉默对抗最后终于以乔埃提议休会而告终。此时，中朝不在战场上打退敌方的攻势，在谈判桌上就无法谈下去。

夏季攻势之血染岭与伤心岭

在谈判的同时，战场上的枪声从来就没有停过。1951 年 8 月 18 日，美第 8 集团军司令范佛里特指挥美第 10 军在东线 50 千米长的战线上对朝鲜人民军北汉江至东海岸的阵地发起了夏季攻势。此时朝鲜正值夏季，中部暴雨连绵，降雨量为 40 年来之最，作战双方经常浸泡在污水烂泥中血战。

在著名的血染岭（亥安盆地西侧 983.1 高地）战斗中，美第 2 师 9 天消耗炮弹 36 万发，平均 1 门炮发射 2860 发。在强大炮火的掩护下，配属给美第 2 师的南朝鲜军 1 个团对朝鲜人民军阵地发起攻击。

朝鲜人民军巧妙地将掩蔽处构筑在反斜面山头，美军炮击时躲在山头背面的洞里，炮击停止后再冲上山头打击冲锋的步兵。这场战斗持续了整整 9 天，惊人的伤亡让南朝鲜军彻底地败下阵来，双方士兵的鲜血几乎染红了这几座山头，美国随军记者形象地称之为血染岭。美军后来顶上又打到 9 月 5 日，才以惨重的代价夺取了血染岭。

在激战血染岭的同时，美军第 2 师 2 个团在南朝鲜军配合下攻击 851 高地群。朝鲜人民军顶住了各种重炮和坦克的轮番轰击，利用易守难攻的地形，发挥迫击炮的威力，并利用机枪的交叉火力。美军连攻 6 天未能拿下，

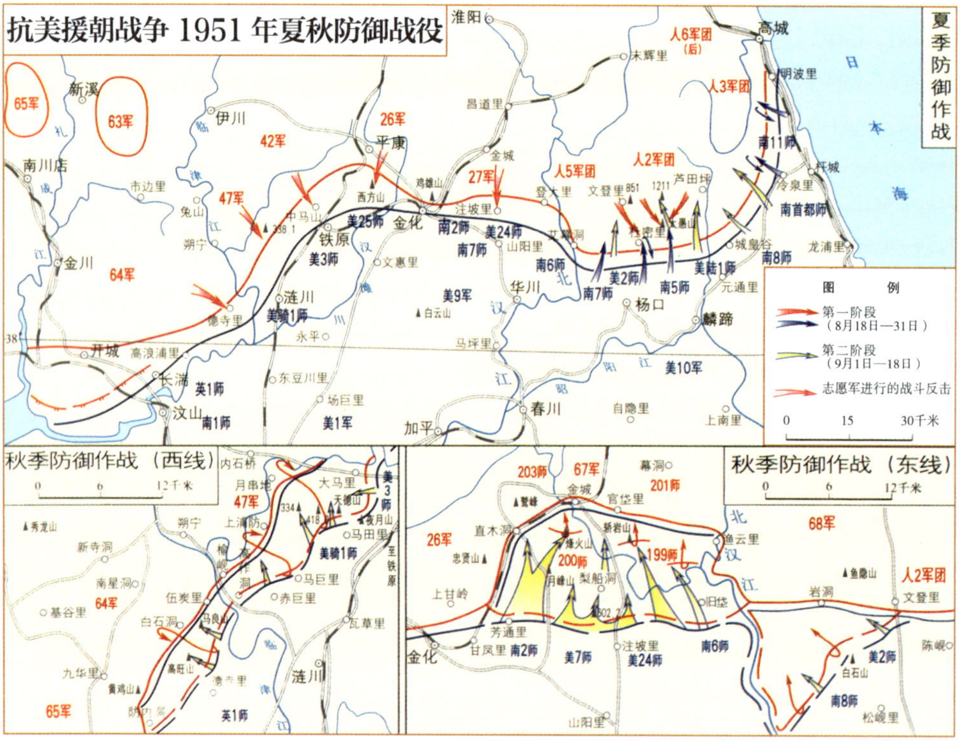

1951 年夏秋防御战役作战示意图

反而被大量歼灭，有一个营仅剩 11 人。因伤亡过大，美军第 2 师调整部署再次进攻，7 天后仍未能拿下，自身伤亡 3700 多人，让美军为之胆寒，把这个高地群称为伤心岭。

在暴雨中血战 1 个月之后，范佛里特以 7 个师发起的夏季攻势，在朝鲜人民军 80 千米的战线上仅仅推进了 2000~8000 米，而在中线和西线，志愿军却趁机夺取了美军的不少山头。美军参联会主席布莱德雷闻讯哀叹："这次攻势是没选好时机、没选好地点、没选好敌人的败仗。"

粉碎美军秋季攻势

9 月 29 日—10 月 22 日，"联合国军"又集中主力对西线和中线近 200 千米的志愿军阵地发起了大规模的秋季攻势。经过 20 天的争夺，西线美英军付出惨重代价后才前进了 2000 米，被迫停止了攻击。范佛里特见在西线占不到什么便宜，于是在 10 月 8 日—25 日又以 6 个师（含有 3 个美国师、3 个南朝鲜师）在东线向志愿军第 20 兵团和朝鲜人民军第 5 军团一部的阵地发起进攻。

在文登里，志愿军第 68 军遭到了美军坦克的劈入进攻。在刚接防阵地的不利情况下，志愿军英勇奋战，白天防守，夜里反击。师团抽调野炮、无后坐力炮和火箭筒组织反坦克队，营连组织反坦克组，对美军坦克纵队采取打头、截腰、斩尾的战法，集中炮火猛烈拦击美军坦克群，各种榴弹、迫击炮弹、加农炮弹雨点般地在美军进攻队形中炸响，志愿军反坦克手扛着无后坐力炮或火箭筒，冲到坦克前抵近射击。美军总共付出损失 36 辆坦克的惨重代价，只占领 50 余平方千米阵地，进展甚微。范佛里特的新战术破产了，从此美军再也不敢使用坦克向志愿军阵地实行穿插。

美方发动的秋季攻势并未能达到改变战场态势的目的，在一个月的进攻中只夺占了467平方千米的土地，在长达250千米的战线上平均推进了不足2000米，平均一天只推进60多米。

李奇微发动的夏秋攻势不仅没有取得谈判桌上未得到的东西，而且损兵折将，换来的是上司布莱德雷的尖刻评语："用这种战法，李奇微至少需要20年才能到达鸭绿江。"

二 建成钢铁运输线

保障志愿军后方的生命线

志愿军参战以后，中央军委对志愿军的后勤保障极为重视和关心，决定以东北行政区作为志愿军的总后方基地，所有一切后方工作和供应事宜统一由东北军区调度指挥并负责实施。主持中央军委日常工作的周恩来亲自过问和解决志愿军的战场运输问题。1951年1月，他参加东北军区在沈阳召开的志愿军后勤工作会议，强调"千条万条，运输第一条"，并决定增调汽车2000辆、大车1000辆、手推车5000辆加强运输。

这次会议还部署国内党政军各部门要在一个月内将325万千克炒面、26万千克熟肉送往志愿军前线部队。当时把这次会议称为"炒面煮肉"会议。会后，周恩来身体力行，亲自到北京市的一些机关视察，同大家一起动手做炒面，一边干一边说：我们要把炒面做好，送到前线支援志愿军打胜仗。

在周恩来主持下，中央军委决定成立志愿军后方勤务司令部，负责管理在朝鲜境内的一切后勤组织与设施。该司令部在第五次战役的第二阶段正式成立，由志愿军副司令员洪学智兼任司令员，统一指挥运输、装卸及配属的警卫、步兵、工兵、高炮部队，总共 22 万人，以保障作战之需。

人物档案

洪学智

1913.2.2—2006.11.20

中国人民解放军上将，安徽省金寨县人。1950 年 10 月参加抗美援朝，任志愿军副司令员兼后方勤务司令部司令员，参与指挥第一至第五次战役、反“绞杀战”等斗争，建成打不烂、炸不断的钢铁运输线，保证了志愿军后勤供应线的畅通。

他是中国人民解放军中唯一两次被授予上将军衔的将军，有人称其为“六星上将”。

为加强对铁路抢修力量的统一指挥，经中朝双方协商，1951 年 8 月成立中朝联合铁道运输司令部（简称“联运司”），统一计划和指挥战时朝鲜铁路运输、修复与保护等事宜。后来根据反“绞杀战”斗争的需要，又在联运司下成立了前方运输司令部，统一指挥、协调朝鲜北方铁路系统的抢修、运输和高炮部队的对空作战。

就在志愿军后方勤务司令部、联运司等后勤指挥机构成立后不久，美军对中朝后方交通线发动了空中“绞杀战”。

美军发动“绞杀战”

1951年夏季，朝鲜发生了40年未遇的大洪灾。洪水泛滥成灾，河流水位普遍上涨3~4米，最高竟达11米，水流速度每秒4~6米。洪流所至，交通中断，堤防大溃，房屋倒塌，千辛万苦运上前线的物资装备也被冲走和毁坏。

志愿军主要后勤集散地——三登里是一片汪洋，连高高的电线杆都被淹没，许多战士也被洪水冲走了。志愿军后方的铁路、公路路面被洪水冲毁，路基被冲塌，205座公路桥竟无一幸免，全部被洪水冲散了架。志愿军后勤供应进入了最困难的时期。

美军乘暴发洪灾之机，为在停战谈判中向朝中方面施加军事压力，从8月中旬起，在正面战场发动夏季攻势的同时集中其空军和海军航空兵80%的兵力，以朝鲜半岛北部的铁路系统为主要目标，发动大规模的“绞杀战”，又称“空中封锁交通线战役”。美军企图用3个月时间彻底摧毁朝鲜半岛北部交通，切断志愿军前后方之间的联系，迫使朝中方面在停战谈判中妥协。

在美国远东空军司令部召开的记者发布会上，远东空军第五航空队司令埃佛勒斯特中将告诉记者：“对铁路实施全面的阻滞突击，将能大大地削弱敌人，以致第8集团军发动一次地面攻势即可将其击溃，或者使敌人主动把部队撤至其东北境内，以缩短其补给线。”

本来志愿军运输能力弱且没有空军掩护，战场补给就相当困难，美国空军发动“绞杀战”对志愿军的交通运输更是雪上加霜。1951年9月初，志愿军前线部队出现了食物短缺现象。寒冬将至，棉衣尚未运到。彭德怀在给后方的电报中反映了前方的困难：“早晚秋风袭人，战士单着，近旬病员大增，洪水冲，敌机炸，桥断路崩，存物已空，粮食感困难，冬衣如何适时运到。”

与此同时，中央军委已判明美军“绞杀战”的企图，能不能战胜美军的空中封锁，根本解决战场运输问题，成为志愿军能否持久作战的一个重大战略问题。在彭德怀指挥中朝前线部队粉碎敌夏秋攻势的同时，刚刚成立不久的志愿军后方勤务司令部等也指挥打响了中国军队第一场诸兵种联合后勤战。志愿军后方铁道部队、工程部队、运输部队、公安部队、高射炮兵、航空兵、兵站仓库、医院紧密协同，将中国人的才智发挥到了极致，在千里交通线上与美国空军斗智斗勇。

知识拓展

执行“绞杀战”任务的美远东空军第 5 航空队

美远东空军第 5 航空队也称第 5 航空军。1941 年 8 月 16 日，创设于菲律宾吕宋岛，成为美国陆军航空军在太平洋战区的一个战斗单位。第二次世界大战中，该航空队参加太平洋战争。盟军占领日本后，先后驻东京、名古屋等基地。1950 年朝鲜战争爆发后入朝参战，下属单位包括第 8 战斗轰炸机大队、第 35 战斗机拦截联队、第 339 全天候战斗机中队、第 8 战术侦察中队、第 48 战斗轰炸机大队、第 51 战斗机拦截联队、第 4 全天候战斗机中队、第 31 照相侦察中队、第 3 轰炸机联队、第 19 轰炸机联队，此外还有一些运输机部队。同时负责指挥第 13、20 航空军的参战部队，多次与志愿军空军交战，是美国空军力量在朝鲜战场上的主要指挥单位。朝鲜战争结束后，第 5 航空军返回日本成为驻日美军中的空军单位。

惊人的奇迹

千里铁道线上，志愿军铁道兵在被洪水冲毁、敌机炸断的西清川江桥、东大同江桥和东沸流江桥头，集中 1000 多辆汽车反复倒运、接运了 2000 车皮的物资，确保了路断、桥断而运输不间断。这种被称为“倒三江”的运输方式，在志愿军后勤受天灾敌害最严重、最为困难的时期起到了保障部队供应的关键作用，同时也使中国军队开始着手建立“适应现代化战争的完整的独立后勤供应系统”。

在“倒三江”的同时，铁道兵奋力修桥铺路，铁道兵第 1 师的 1 个连队血战百岭川，76 个昼夜遭受 26 次大轰炸，全连伤亡 99 人，剩下的 40 人仍坚持按时完成了抢修任务。特等功臣郭金升一人排除炸弹 1200 多枚、拆卸定时炸弹 386 枚，光炸药就掏出了 27 吨。

铁道兵第 1 师的另一个连队抢修铁路大桥时，由于两根异型钢轨无法连接，大桥不能通车，而此时有 18 列满载军用物资的火车等待通过，随时都有被敌机炸毁的危险。在这危急时刻，班长史阜民用螺丝扳手连接两条钢轨，冒着生命危险，用尽全身力气坚持一个半小时，让 18 列军车安全通过，后被授予“中国人民志愿军二级战斗英雄”称号。

志愿军铁道兵不但有极其英勇顽强的战斗精神，还有异常聪慧的大脑。铁道兵在一座正桥旁边修上几座便桥，炸了这座，那座照用。后来，在白天干脆取下“Z”字梁和钢轨等重要部件，美国飞机一看桥是坏的也就不再炸了。到了晚上，铁道兵把钢梁路轨轻松一架，满载军用物资的列车立刻轰鸣着驶往前线。

最有效的办法还有“片面运输”“合并运转”“顶牛过江”等。朝鲜铁路基本是单轨，美机频繁轰炸，许多铁路场站不能会车，于是在可通车的夜

晚，所有列车都向同一方向（或北或南）发车，相邻列车的间隔一般都只有5分钟。志愿军曾在一条单轨铁路上创造了一夜开往前线47列火车的世界纪录，相当于和平时期行车数的2.5倍，这叫“片面运输”。

为突击抢运，志愿军将两组以上的列车联成一组，同时用两三个车头牵引这条远远超过一般列车长度的“巨龙”。这种办法可以发挥突击抢运的最大效果，这叫“合并运转”。

那些夜里架起来的铁路桥承载能力差，经不起车头的重压，志愿军便想出了一个绝妙的方法，在火车过江时将车头调到列车尾部，用车头顶着较轻的车厢过桥，桥对面再用另一个车头拉走车厢，这叫“顶牛过江”。战后，苏联还专门派专家来华学习志愿军铁道兵的经验。

战争期间有10万吨炸弹落在仅有1000多千米长的朝鲜铁道线上，但美军惊讶地发现，朝鲜半岛北部仍一直有火车在行驶！美国空军发言人称：“坦率地说，我认为他们是世界上最顽强的铁路修筑者！”范佛里特也不得不承认这是“惊人的奇迹”。

条条公路通前线

惊人的奇迹不但发生在铁路上，同时也发生在公路上。志愿军汽车部队在历经许多惨痛教训后，终于找到了对付敌机的巧妙办法。

首先，志愿军有意识地设置假目标，使敌机真假难分，诱敌机上当。他们在假库区铺上苇席、草袋子，上面用绿叶盖着，一片一片的到处都是。美空军以为是集中放物资的地方，先是超低空飞过把叶子吹掉了，苇席露出来之后就用汽油弹和机枪又是炸又是扫射，结果什么都没炸到。

有一次，志愿军汽车第4团5连把几辆破汽车做了伪装，放在较明显的地方，美空军发现后狂轰滥炸了一阵子。还有一次，还是这个团的6连修了个假掩体，敌机 3 架次轮番轰炸、扫射。有时，志愿军在晚上还故意点亮几个灯泡引诱敌机轰炸、扫射。有时，志愿军干脆就把好的汽车装上高粱米，再间隔很远一段距离放在那儿让敌机炸。志愿军漫山遍野都有假目标，真真假假、虚虚实实地同敌机斗智。

渐渐地，美国人心里也犯了嘀咕，再炸时先要琢磨一下目标的真假了。胆大心细的志愿军汽车驾驶员利用美军飞行员的这种心理，有时干脆就把汽车开到公路中间，美军飞行员以为那一定是被打坏的，好的汽车绝不敢停在公路上，因此就不会扔炸弹。

志愿军汽车部队还建立了固定的夜间对空监视哨制度。在万里公路线上，志愿军广泛设置防空哨。两万官兵在万里运输线上每 1.5~2.5 千米设置一个哨所，敌机临空时立即鸣枪、吹哨示警，汽车司机听到报警声后马上关灯摸黑行驶或躲入遍地都是的汽车掩蔽所躲避，美国飞机只能无奈地瞎转悠。

自从有了防空哨这个纯粹中国式的发明，避免了很多损失，带来的收益是极其巨大的，汽车每夜行驶里程立刻提高到 120 千米，不久又提高到 200 千米以上，汽车损失率直线下降，抗美援朝第 1 年每百辆车有 40 辆被炸掉，到第 3 年则只有 0.5 辆被炸。

绞杀与反绞杀的斗争在继续，志愿军在残酷的实战考验中建立起了一整套现代化的后勤体系，打赢“绞杀战”的信心越来越足了。随着志愿军空军的参战，志愿军可以用来和美国空军对抗的现代化军兵种也越来越多了。

三 打出清川江以北禁飞区

志愿军空军参战

为粉碎美军的空中“绞杀战”，刚刚建立不久、羽翼尚未丰满的志愿军空军投入了朝鲜战场。1950 年 12 月 21 日，志愿军空军第 4 师进驻安东基地，在秘密出动的苏联空军带领下进行实战锻炼。

当时，志愿军飞行员平均飞行时间只有几十个小时，都是陆军出身，没有任何空战经验，只有勇敢的战斗精神。而他们将要对付的美军飞行员在喷气式飞机上的飞行时间均在数百小时以上，其中许多人具有第二次世界大战的空战经验。

志愿军空军第 4 师是志愿军第一支空军战斗部队，按部队序列惯例，这支部队应叫空 1 师，中国空军司令员刘亚楼当初授予这个番号有两个含义：一是要让空军继承井冈山红四军的传统，二是留下空 1 师番号空缺以激励部队。他有言在先：谁打得最好，第 1 师番号就给谁。

1951 年 1 月 21 日和 29 日，空军第 4 师第 10 团 28 大队大队长李汉击落美军 F-84 飞机 1 架、击伤 2 架，首创志愿军在朝鲜战场击落、击伤敌机的纪录。1951 年 3 月 2 日，志愿军空军全部完成实战练习，为后来志愿军空军部队大规模参战提供了宝贵经验。

在停战谈判开始之前，1951 年 6 月 22 日，毛泽东就空军参战问题指示刘亚楼：年底以前朝鲜战争可能出现停战谈判，空军要抓紧时机参战，以求得战斗锻炼；新兵种参战不可能等到准备工作完全充分，初次打仗不要“一鸣惊人”，而要“一鸣则已，不必惊人”。

刘亚楼迅速将毛泽东的指示精神电告志愿军空军司令员刘震，决定利用美空军对志愿军展开大规模“绞杀战”、集中轰炸后方运输线的机会，将志愿军空军从初战锻炼阶段转入为掩护后方运输线而进行的反“绞杀战”阶段。

人物档案

刘亚楼

1910.4.8—1965.5.7

中国人民解放军上将，福建武平人。1949年10月被任命为空军司令员，受命组建空军。遵照毛泽东“边打边建”的方针，参与组织志愿军空军入朝参战。在组建空军的过程中，刘亚楼提出“从空战中锻炼、在战斗中成长”的指导方针，认为不经历作战是无法成为强大空军的，新成立的解放军空军虽然没有经验，但也要勇于去与世界一流空军作战，方可得到锻炼。这一方针使得中国空军在朝鲜战场上锻炼出了一大批优秀的飞行员，包括日后成为空军司令员的王海。

在“米格走廊”的空中搏击

9月25日下午，志愿军空军雷达发现5批美机112架，企图对平壤等地的铁路、公路进行轰炸。刘震果断命令114架战机出击迎敌。双方的

226 架战机在万里碧空上演了一场惊心动魄的空中搏击。

空战中，空军第 4 师第 12 团 1 大队大队长李永泰带领 6 架米格-15 飞机向 8 架美国最新型的 F-86 飞机冲过去。李永泰冲散敌机后，立刻陷入与数架敌机的混战中。飞行员刘涌新第一次上战场，以 1 敌 6，机智灵活地将一架 F-86 打得凌空爆炸。这是志愿军空军第一次击落美国空军最先进的 F-86 战机。

12 团 2 大队大队长华龙毅在交战 1 分钟之内击毁 2 架美机，从蜂拥而来的 14 架敌机中杀出一条血路，又击伤 2 架，在座舱盖都被敌机打掉的情况下成功跳伞。

知识拓展

“米格走廊”

抗美援朝战争期间，在鸭绿江和朝鲜西北部清川江之间，东至江界、熙川，西达鸭绿江口，面积约为 16 800 平方千米的空域，志愿军空军和苏联空军出动米格-15 战斗机，通过积极主动的空战，将美空军的战斗轰炸机驱逐至清川江以南，最终基本掌握了该空域的制空权。后来这个空域被美国空军敬畏地称为“米格走廊”。美国远东空军轰炸机司令部下令，一切没有护航的轰炸机不得进入“米格走廊”。据统计，朝鲜战争中绝大多数的空战都是在“米格走廊”进行的。

李永泰在战斗中多次掩护战友，击伤敌机，驾驶着伤痕累累的战机返回。地面人员围上来一看，这架米格-15 中弹竟达 35 发，全机受伤 56 处，座舱盖被打了个窟窿，值得庆幸的是有块钢板挡住了子弹，李永泰才得以回到地面。因此，他被誉为志愿军摧不垮、打不烂的“空中坦克”。

这场大战后，刘亚楼专门发电鼓励：“空 4 师 12 团的飞行员都是新手，

USAF
USAF
USAF

但敢于同老牌的美国空军交锋，在上百架飞机的空战中，沉着镇静，必须承认这是个胜利。”

这场大战也震惊了美国空军。美远东空军司令威兰中将决定要“给点颜色”让志愿军看看。接着双方又连续进行了 2 天大规模空战，3 天内志愿军空军和苏联空军共击落美机 26 架、击伤 8 架。

知识拓展

米格–15 和 F–86

米格–15 战斗机是 20 世纪 40 年代末期由苏联米高扬设计局研制的第一代喷气式战斗机，于 1947 年开始研制，6 月首飞成功，1948 年批量生产、装备苏联空军。F–86 佩刀式战斗机是第二次世界大战后美国研制的第一代喷气式战斗机，1947 年 10 月 1 日首飞，1949 年服役，曾大量装备北约各国。这两种先进飞机在朝鲜战场上成为对手，性能各有千秋。在爬升率上，米格–15 比 F–86 略占优势；在水平机动性上，F–86 比米格–15 稍占上风；在飞行速度上，米格–15 在最快速度和加速度上占据优势，但整体飞行速度上是 F–86 表现更佳；在飞行高度上，米格–15 能飞得更高，在 9000 米以上的高空，米格–15 速度更快，但在 9000 米以下，则是 F–86 更为灵活；在火力上，米格–15 装备 3 门口径更大、威力更强的机炮，但由于重量的关系，载弹量比不上装备了 6 挺机枪的 F–86。总之，两种战机在性能上势均力敌。

空战结果让美远东空军第 5 航空队惊呼：“这 3 天的战斗是历史上时间最长、规模最大的喷气机战役！”美国空军被迫下令：“战斗轰炸机以后不在‘米格走廊’内进行封锁交通线的活动，此后只能对清川江与平壤之间的铁路线实施攻击。”

志愿军空军第 4 师在接下来的 38 天中出动飞机 508 架次，空战 10

次，其中与 200 架以上的敌大机群作战 7 次，共击落敌机 17 架、击伤 7 架，己方被击落 14 架、被击伤 4 架。志愿军与苏联空军一起夺取了清川江以北地区的制空权。毛泽东闻报欣然挥笔写下了“空四师奋勇作战，甚好甚慰”的赞语。

空军第 3 师大显身手

志愿军空军第 4 师捷报频传，在一年前还是陆军独立第 209 师的空军第 3 师沉不住气了，飞行员个个摩拳擦掌，求战心切。1951 年 10 月，空军第 4 师回二线休整，终于轮到空 3 师大显身手了。

从 11 月 16 日起，空军第 3 师开始与美军大机群作战。18 日，首次与美空军多批百余架飞机的大机群展开激战，一举击落美机 6 架。其中第 9 团 1 大队在大队长王海率领下灵活机动，长机和僚机密切配合，一举击落美机 5 架。在抗美援朝战争中，这个大队共参加空战 80 余次，取得击落、击伤美机 29 架的战绩，荣立集体一等功，被誉为英雄的“王海大队”。

空军第 3 师不断总结作战经验，在空战中越打越好。11 月 23 日，志愿军空军司令员刘震命令空军第 3 师第 7 团出动 20 架飞机，截击前往肃川轰炸的 20 架美空军 F-80 战斗轰炸机。第 7 团在空战中明确区分任务，长机和僚机保持双机攻击，相互协同，打得主动，攻得勇猛，一举击落美机 7 架、击伤 1 架，自己仅伤 1 架。这次战斗中大队长刘玉堤创造了一次空战击落 4 架美机的纪录。

后来的中国空军司令员王海、北京军区空军司令员刘玉堤，以及创造击落、击伤 9 架敌机的纪录的北京军区空军副参谋长赵宝桐都出自空军第 3 师，都成为中国空军史上威名赫赫的王牌飞行员。

美军高级将领惊呼：“中国几乎在一夜之间就变成世界上主要空军强国

之一了！”他们不得不私下里承认，中国志愿军在空战中的优异表现让美军所谓的海空优势大打折扣了。

1951 年 11 月—1952 年 6 月，空军第 14、2、6、15、12、17、18 师先后轮番入朝参战，分别由空军第 3、4 师轮番带领，每次作战出动 3~4 个师，每个师作战 3 个月左右便轮换。

1952 年 2 月 10 日，空军第 4 师大队长张积慧在空战中将美国空军少校中队长、号称“成绩最高的喷气式飞机王牌驾驶员”乔治·戴维斯击毙，在美国空军和美国国会引起了震动。

志愿军缴获的美空军“王牌驾驶员”乔治·戴维斯的手枪、飞行牌、风镜和头盔残骸

至 5 月底，志愿军空军共击落敌机 122 架、击伤 41 架，为粉碎美军的“绞杀战”做出了重大贡献。在整个抗美援朝战争中，志愿军空军先后有 10 个歼击机师（21 个团）、2 个轰炸机师出动作战，共战斗出动 2.6 万余架次，击落敌机 330 架、击伤 95 架，自己被击落 231 架、击伤 151 架。

志愿军空军有力地打击了美国空军，对志愿军改善后方运输状况和取得抗美援朝战争的胜利起了巨大作用。志愿军空军经受住了现代空战的考验，并迅速成长壮大，对中国空军的建设和发展具有重要意义。

知识拓展

苏联空军秘密参战

在志愿军向朝鲜境内出动后，苏联空军从1950年11月1日开始在中朝边境鸭绿江地区上空与美国空军作战。从1951年第二季度开始，苏联志愿空军秘密出动至朝鲜境内清川江以北地区上空，担负掩护铁路运输和后方目标的作战任务，保持4~7个团的兵力，直到战争结束。

为了避免与美军公开发生冲突，苏军参战人员一律身着志愿军军服，作战飞机和地勤车辆全部涂上志愿军空军标志。参战飞行员每人获得一张卡片，上面印有用俄语读音标注的汉语和朝鲜语的飞行专用语，要求飞行员作战时不能用俄语通话等。

但据许多参战的美国飞行员反映，他们在与对手近距离格斗时甚至都看清了苏联人的面孔，而且到后期都能在无线电通话中听到俄语。美国决策机构认为对此必须保持沉默并封锁消息，以免刺激舆论而迫使政府采取报复行动，从而导致战争升级。于是，关于苏军参战之事，中、苏、美三方心照不宣。

在整个战争期间，先后有12个苏联空军师投入了空战，轮番参战的空军人员总计为7.2万人，1952年最多时达到2.6万人。苏联空军总共击落了1097架敌机，高射炮兵总共击落了212架敌机，自身损失335架飞机。

志愿军防空主力——高炮部队

中苏空军的行动沉重地打击了美国远东空军，但限于当时的条件，志愿军空军机场都在国内，米格战斗机的活动半径较小，无法进驻朝鲜协同地面部队作战。因此，朝鲜战场防空作战的主力是地面高炮部队。

志愿军跨过鸭绿江时只有一个高炮团装备着36门日制75毫米高炮随军入朝作战，还得留下12门高炮保护鸭绿江渡口。初期入朝的志愿军6个军中每军只有18挺高射机枪，难以承担艰巨的防空任务，因此一切较大的作战和后勤行动只能在夜间进行。

面对严峻形势，志愿军地面防空部队迅速壮大。到了 1951 年第五次战役结束时，志愿军已有大批高炮部队入朝参战，实力有了很大提升。美空军发动“绞杀战”后，根据联运司的请求和中央军委的指示，志愿军调整了高炮部署，将掩护机场修建的高炮部队陆续全部用于掩护铁路运输，参加反“绞杀战”作战。

志愿军在朝高炮部队有 4 个野战高炮师、3 个城防高炮团，另有 45 个独立高炮营，以主要兵力在后方执行机场修建、公路、铁路桥等要地防空任务，部分小口径高射炮配属各军作战。

如果没有密切配合，用高炮打下飞机是很难的。志愿军初期装备的日制 75 毫米高炮比较笨重，转向跟不上美机飞行速度，后来苏制 37 毫米高炮比较先进，足以对抗美机。高炮团一般有 3 层火力网：低空是高射机枪和 37 毫米高射炮；中空是 85 毫米高射炮，还有一个 75 毫米炮连配合；高空是 100 毫米高射炮和飞机配合。

有的高炮营还总结了“三打三不打”战术，即瞄准俯冲打、临近飞行打、低空攻击打，高了不打、离远飞行不打、不俯冲不打。这就是要跟敌机斗智斗勇，打近战、拼刺刀，当然还要有不怕牺牲的斗志。通常而言，要有高炮营或至少一个以上高炮连，夜间还要有探照灯，互相配合形成密集火力才能打下飞机。

美机再也不能任意横行

美国飞行员很快发现，朝鲜的天空到处都有高射炮炮弹爆炸时散布的致命弹片和灰黑色烟团，夜里又是无数探照灯光柱往来穿梭，将胆敢在夜间出击的空中强盗的身影照得清清楚楚，因此他们再也不能任意横行了。在一次反空袭战斗中，有架美 B-29 轰炸机的飞行员被探照灯部队的光柱照得头晕眼花，不知东南西北，一头撞在了山峰上。

1952 年 5 月 8 日，洪学智在楠亭里仓库视察工作时正赶上敌机对楠亭里库区实施的一次空前规模的大轰炸，他目睹了志愿军高炮第 24 营同 360 余架次敌机从清晨 6 点多一直血战到下午 5 点的情景。

英勇的高炮战士顽强奋战，顶着蝗虫般敌机的猛烈轰炸奋勇还击，一个倒在了炮位上，另一个又顶上去。一架又一架敌机被打得凌空爆炸，还有更多的敌机带着满身的硝烟拼命向南方逃去，更有许多白色的美国飞行员降落伞飘荡在天空中……

激战结果是 7 架美机凌空爆炸，18 架美机冒着浓烟逃向远方。这是朝鲜战场上志愿军高炮部队打得最精彩的一仗，创造了一个营在一天内击落、击伤美机数量的纪录，受到志愿军总部的通报嘉奖。

整个 1952 年，志愿军高炮部队平均每月击落 60 架美机。在整个抗美援朝战争中，先后有 10 万志愿军高炮部队入朝作战，共击落敌机 2300 多架、击伤 7500 多架，远远超过志愿军空军击落击伤的飞机数量。

彻底粉碎“绞杀战”

早在 1951 年底，美国人就在板门店最直观地感受到了“绞杀战”的失败，他们惊奇地看到警卫会场的志愿军战士满面红光、精神抖擞地屹立在刺骨的寒风中值勤，身穿崭新的棉衣、棉裤，说明志愿军士兵吃得饱、穿得暖，他们甚至比“联合国军”更早地穿上了冬装。

1952 年 6 月，美国空军的“绞杀战”终于以失败告终。连最好战的范佛里特也低下了头，他在汉城告诉世界各国的记者：“虽然联军的空军和海军尽了一切力量，企图阻断共产党的供应，然而共产党仍然以令人难以置信的顽强毅力，把物资运到前线，创造了惊人的奇迹。”

在反“绞杀战”中，志愿军高炮部队共击落“联合国军”飞机 260 余架、击伤 1070 余架；志愿军空军击落“联合国军”飞机 123 架、击伤 43 架。

志愿军同朝鲜军民一起，不仅打破了“联合国军”的空中封锁，粉碎了“绞杀战”，而且在斗争中建成了打不烂、炸不断的钢铁运输线，基本解决了作战物资的补给运输问题，取得了具有战略意义的重大胜利。

反“绞杀战”期间交通设施被炸和志愿军抢修、新建情况对比表

设施	美空军轰炸数量	志愿军抢修、新建数量
铁路	19 886 处次、延长 700 千米	20 024 处次、延长 878 千米
桥梁	1729 处次、延长 51.7 千米	2086 处次、延长 79.7 千米
隧道	43 座	51 座
给水站	148 站次	187 站次
通信线路	5.6 千米	11.9 千米

四 铸就坚不可摧的长城

和谈取得新进展

成功抗击“联合国军”秋季攻势和志愿军在空中战场的胜利，打掉了美国当局自 1951 年夏季攻势后的嚣张气焰，经过“机关枪和大炮的辩论”之后，李奇微在战场上损兵折将，只得到一个“悲壮的”结果。国际上要求停战的压力越来越大，最后美国人以“满月里事件”为契机给自己找了个台阶，恢复了谈判。

1951 年 9 月 10 日凌晨，一架美机冲入开城中立区满月里上空扫射，毁损几幢民房，这就是“满月里事件”。次日，美国首席谈判代表乔埃正式致函南日，承认“满月里事件”是美方飞机造成的，并表示遗憾。接着，在美军进攻一再受挫时，李奇微又主动给金日成、彭德怀写信，承诺对此事件负责，也深表遗憾。

毛泽东、周恩来指示可以此为契机，恢复谈判。10 月 25 日，在谈判中止了 63 天后，双方移至汶山与开城之间的板门店新址继续和谈。为了使谈判尽快达成协议，朝中代表做出妥协，于 11 月 7 日提出了“在实际控制线基础上，略加调整，作为军事分界线”的新方案。

就在前一天，参谋长联席会议也致电李奇微：“参谋长会议认为我们宁可接受共产党的建议，也不要中断谈判或使谈判出现僵局。……总的来说，我们的基本原则是分界线应该大体沿战线确定。共产党现在看来已接受这一原则。我们认为这基本满足了我们在非军事区问题上的最低限度的要求。”在板门店的谈判中又经过一番争辩后，美方代表见不可能再索取到更多的东西，便于 11 月 27 日同意了朝中方面的建议。这样，谈判双方就第二项议程，即“确定双方军事分界线”问题，初步达成协议。谈判取得了新的进展。

发起陆空联合攻岛作战

但是，随后的第三、四项议程的谈判进展仍不顺利。谈判中，朝中方面的每一项提案几乎都要遭到“联合国军”代表的反对。谈判双方唇枪舌剑，其激烈程度绝不亚于战场上的刀光剑影。

然而，在毛泽东的悉心指导和周恩来的有力协助下，中朝方面稳操军事斗争和政治斗争的主动权。在“文斗”上有理，在“武斗”上毫不畏惧且有办法。与此同时，志愿军在彭德怀的直接指挥下，依托着坚固的阵地，用“零敲牛皮糖”的办法一口一口地吃掉敌人，有力地支援着由李克农幕后指挥的谈判斗争。

清川江口至鸭绿江口一带的大、小和岛及椴岛一带，有不少南朝鲜、美国武装特工，岛上设有大功率的雷达和窃听监视设备，极其猖獗地收集着情报，对志愿军威胁很大。美国又在岛屿撤退问题上纠缠不休，为了拔掉这颗钉子，配合谈判中就岛屿问题进行的斗争，志愿军决定发起攻岛作战。

1951 年 11 月 2 日，志愿军空军第 2、3 师派出飞机对椴岛、小和岛、大和岛进行了两次照相侦察，查明了岛上的部署和工事情况，为第 50 军登岛作战提供了可靠情报。5 日晚，第 50 军派出两个营的突击队乘船渡海，直冲椴岛。激战至次日凌晨，歼灭守敌，夺占全岛。

11月6日下午，志愿军空军9架图-2轰炸机首次出动，由空军第2师16架拉-11歼击机护航，对大和岛进行了轰炸。由于作战行动发起突然，各机种配合默契，未遭美机拦阻。轰炸机把全部炸弹投向大和岛上的目标，命中率达90%，有力地配合了登陆部队巩固椴岛的任务，附近几个小岛的匪特武装纷纷闻风而逃。

为夺取大、小和岛，11月29日，空军第10师在夜间再次出动10架图-2轰炸机，对大、小和岛附近海面的美国和南朝鲜的军舰进行了轰炸。因敌舰早已逃跑，所以志愿军取得的战果不大。

11月30日下午，志愿军空军第8师第3次出动，共有9架图-2轰炸机，由空军第2师16架拉-11歼击机直接护航，再次轰炸大和岛。但由于轰炸机起飞后提前转弯，加上速度较快，比预定赶来护航的空军第3师米格-15歼击机进行编队的时间提前了5分钟。结果在飞行中，志愿军机群突然遭到美国空军30多架F-86战斗机的袭击，志愿军轰炸机被击落3架，拉-11歼击机勇敢冲上去应战，掩护剩余轰炸机将全部炸弹倾泻到大和岛上。等到空军第3师米格-15歼击机按计划时间赶到时，美军飞机已逃逸。

这次空战中，志愿军空军第2师副大队长王天保以拉-11活塞式战斗机接连击落F-86飞机1架、击伤3架，创造了以活塞式飞机击落美军最先进喷气式飞机的范例。当夜，志愿军第50军登陆部队冲上大、小和岛，全歼守敌，为空军战友报了一箭之仇。

至此，第50军在空军掩护下利用渔船渡海作战，攻占了朝鲜西海岸的大、小和岛等10余个岛屿，消灭岛上南朝鲜特务570人。这次攻岛作战是抗美援朝战争中唯一的一次陆空联合作战，也是中国人民解放军历史上第一次陆空联合作战和解放军空军第一次多机种协同作战，其经验教训对后来的联合作战具有重要的指导意义。攻岛作战的成功打掉了美方在军事分界线谈判中的一个筹码。

马良山战斗

为了显示力量以使美方接受朝中方面的条件，1951 年 10 月底，彭德怀一声令下，志愿军 6 个军开始了局部反击。经过 5 次战役和夏、秋两季的防御战之后，志愿军再次向“联合国军”进攻了。

10 月 30 日至 11 月下旬，前线部队发动了 34 次进攻，每次以歼灭敌人一个连、一个营为目标，经反复争夺，最后夺回并巩固占领了 9 处阵地。更让对方震惊的是，志愿军竟然会进行现代化的步炮坦工协同作战了。

11 月 4 日，一向在夜间发动进攻的志愿军部队居然在白天对据守马良山的英军第 28 旅的一个营发动了出其不意的强攻。

志愿军第 64 军先用 57 门火炮猛烈轰击英军阵地，并压制敌方炮火，瞬间就摧毁了纵深 40 米的铁丝网和雷区。在炮火准备后，10 多辆志愿军坦克轰隆隆地开到前沿阵地，对英军坚固工事进行直瞄射击，将一个个英军火力点炸得粉碎，几十门志愿军高炮组成严密的防空火网，将前来轰炸的美军飞机打得凌空开花，而工兵则迅速排除地雷。

嘹亮的冲锋号吹响了，3 个营的志愿军步兵士气大振，呐喊着进攻设防严密的马良山，仅用 4 小时就全歼了 1 个营的英军。夺占阵地后，志愿军工兵迅速修复工事，步兵紧接着打退了英军多次反扑，牢牢守住了马良山阵地。

在这次战斗中，初出茅庐的志愿军坦克兵直接支援了步兵的反击作战，其中 402 号 IS-2 重型坦克弹无虚发，连续打掉了 6 座工事，后荣立集体二等功。

在马良山战斗中，志愿军毙伤俘英军 1740 人。同时，第 47 军对正洞西山之敌展开作战，歼灭美骑兵第 1 师 1 个营。在这次反击作战中，第 64 军和第 47 军均创造了转入阵地战以来一次全歼美英军 1 个多营的范例。这标志着志愿军的炮兵、坦克兵、工兵等经过初步锻炼已经可以有效地与步兵协同作战，作战水平已经提高到了一个新的高度。

与此同时，开城地区的第 65 军又扫荡了开城以南的南朝鲜军，攻占土地 280 平方千米，给志愿军 1951 年秋季攻防作战画上了一个圆满句号。这次作战具有极其重要的战略意义，显示出中朝军队完全能够守住现有的战线，迫使美方于 11 月 27 日同意了朝中方面提出的以双方实际接触线为军事分界线的建议，这对朝中方面来说在政治和军事上都是很大的胜利。

秘而不宣的战争

1952 年初，美国开始在朝鲜半岛北部和中国部分地区秘密实施大规模的细菌战，企图造成疫病流行，削弱志愿军和朝鲜人民军的有生力量，增加对中朝方面的压力，以影响停战谈判。

在朝鲜冬季最寒冷的季节，1 月 28 日，志愿军首次在北部金谷里、内山洞、龙沼洞等地发现大批苍蝇、跳蚤等昆虫，经查带有霍乱弧菌和鼠疫杆菌。此后又在伊川、铁原、金化等地多次发现美军飞机布撒的带有鼠疫杆菌、霍乱弧菌或其他病菌的昆虫及鼠雀等小动物。在 1 个月的时间内，朝鲜半岛北部从东海岸到西海岸、从南到北都相继发现了类似的带菌昆虫。

2 月 29 日—3 月 5 日，美军飞机还多次在中国东北的抚顺、新宾、安东、宽甸、临江等地撒布大量带有病菌的昆虫、杂物，把细菌战扩大到中国境内。在朝鲜历史上已经绝迹的鼠疫、霍乱等烈性传染病重新暴发。在美军投撒病菌的地区出现烈性传染病病例 384 人，其中死亡 126 人。

朝鲜外务省和中国外交部于 2 月先后发表声明，抗议和揭露美军实施细菌战的暴行。美国政府拒不承认进行了细菌战，并反驳说这是共产党传统式的天大谎言，是共产党搞的宣传战。

粉碎细菌战

为了查明和揭露美军进行细菌战的事实真相，中国人民保卫世界和平反对美国侵略委员会发起组织的“美帝国主义细菌战罪行调查团”分赴朝鲜和中国东北进行调查。随后，由国际机构组织的“国际民主法律工作者协会调查团”和“调查在朝鲜和中国的细菌战事实国际科学委员会”成员也先后赴当地调查，收集到了美军进行细菌战的证据。

3 个调查团所公布的调查报告，从事实上和学理上都确认美军确实在朝鲜和中国东北进行了细菌战，指出：“朝鲜及中国东北的人民，确已成为细菌武器的攻击目标。美国军队以许多不同的方法使用了这些细菌武器，其中有一些方法，看起来是从日军在第二次世界大战期间进行细菌战所使用的方法发展来的。”

在此期间，中国还在北京、沈阳举办了美国细菌战罪行的实物、图片展览，并陆续公布了美军被俘飞行员关于美军进行细菌战的供词，有力驳斥了美国政府的抵赖，获得了全世界人民的极大同情和支持。世界各国舆论和国际性民主组织纷纷谴责美国进行细菌战的罪行。

为粉碎美军的细菌战，志愿军成立了以邓华为主任的总防疫委员会，各兵团、军、师以及分部成立了防疫委员会，团、营、连成立了防疫小组。志愿军广泛进行防疫卫生知识教育，普遍施行预防接种，志愿军指战员预防接种率达 92%以上。先后建立检验队、防疫队、检疫站和传染病医院等，按防疫区开展军民结合的卫生防疫活动。

经过近一年的斗争，志愿军控制住了疫病的流行，提高了人们的健康水平，与朝鲜军民一起粉碎了美军的细菌战。

我们的阵地最好认

1951 年 11 月末朝鲜战局基本稳定，停战谈判也在军事分界线问题上达成了协议，毛泽东等中共中央领导人对尽快停战的前景抱有较大希望，从而对全国的战略部署进行了重大调整，在朝鲜前线也力求保持现有态势。

1952 年 4 月 7 日，志愿军司令员彭德怀回国治病，由陈赓主持志愿军的领导工作。6 月中央又调陈赓回国筹办哈尔滨军事工程学院，邓华在沈阳治病结束后回到朝鲜代理志愿军司令员兼政委。

陈　赓

1903.2.27—1961.3.16

中国人民解放军大将，湖南湘乡人。黄埔军校第一期毕业。1928 年在上海中共中央特科工作。1951 年任志愿军副司令员兼第 3 兵团司令员、政治委员，后代理彭德怀在志愿军的职务。1952 年 7 月任解放军军事工程学院院长兼政治委员、解放军副总参谋长、国防科委副主任、国防部副部长等，被誉为新中国国防科技、教育事业的奠基者之一。

在为夏、秋防御战胜利高兴的同时，志愿军各级领导也一直为巨大的伤亡而忧心不已。美军的火力优势也给据守在前沿野战阵地的志愿军部队造成了重大损失。

进入阵地防御战期间，第 19 兵团作战科长为具体地了解一下美军的火力强度，他爬上老秃山阵地，竟然从一块约 0.1 平方米的地方捡出 287 块弹片。

在这样强大火力的轰击下，志愿军阵地寸草皆无，连坚硬的花岗岩都被炸成了深可没膝的石粉。战士们走在阵地上，脚踝甚至小腿会陷进松软的焦土中。志愿军副司令员兼第 19 兵团司令员杨得志曾回忆说："我们的阵地最好认，哪座山头、哪块高地光秃秃的，哪里就是我们的阵地。"

面对数百倍于志愿军的美军强大火力，志愿军战士们本能地开始挖洞，以躲避美军铺天盖地的炮火，这种单人防炮洞形如猫耳，称为"猫耳洞"。美军的炮火越猛，战士们就把洞挖得越深，左挖右挖，相邻的洞就连起来了，形成了马蹄形坑道。早在 1951 年 9 月中旬，中朝联司对此就有所觉察，并向部队发出《关于小型作战的指示》，强调"我主要阵地必须是隧道式的据点，特别是核心阵地"。

最先觉察到坑道工事的巨大战略价值的正是杨得志。在反秋季攻势作战中，防守开城以南吉水里地区的第 65 军伤亡很大，他得知这一情况时十分焦急，与政委李志民冒着炮火视察了第 65 军。他们发现一些连队的阵地上挖出了一人多深的战壕和防炮洞，这些连队的战士们已经开始将几个洞连在一起，形成小坑道，可以多藏几个人，和别的连队相比伤亡少得多。杨得志立刻向志司汇报了第 65 军的坑道防御工事经验。

人物档案

杨得志

1911.1.3—1994.10.25

中国人民解放军上将，湖南省醴陵县（今醴陵市）人。新中国成立后任第 19 兵团司令员兼陕西军区司令员。抗美援朝中任志愿军第 19 兵团司令员，志愿军副司令员、司令员，参加第五次战役和 1951 年秋季防御战。参与指挥了上甘岭战役，击退了由美军第 8 集团军司令范佛里特亲自指挥的攻势，守住了阵地，创造了坚守防御战的范例。

办法就是钻洞

杨得志的汇报得到了志愿军司令部的重视，司令部随即向全军提出，在各个防守要点上都要构筑坑道工事。随后，“联合国军”的秋季攻势开始，坑道在志愿军作战中立即显示出无可比拟的优越性。1951 年秋季作战结束后，朝鲜战场出现了 10 个月的平稳状态，几十万名志愿军利用这一难得时机开始挥镐抡锤向石壁和土地“开战”，半年之内仅第一线各军就修筑起 190 千米长的坑道。1952 年 5 月，第一线防御阵地的坑道工事基本完成，8 月第二线各军防御阵地上的坑道工事也基本完成。至此，在横贯朝鲜半岛 250 千米长的战线上形成了一个有 20~30 千米纵深的以坑道为中心的防御体系。

那段日子里，美军在上面打炮，志愿军在地下放炮（打洞），整个防御阵地内隆隆的爆炸声日夜不停，战士们一手拿枪、一手举钎，边打边构筑工事。

世界战争史上从未有过如此卓有成效的坑道防御网。一个以坑道工事为骨干的支撑点式的防御体系在朝鲜逐步形成了。那是无数道真正的地下长城！在这些地下坑道中，射击工事、交通壕、干道、支道等作战设施应有尽有。不仅如此，连宿舍、饭厅、厕所，甚至礼堂都被志愿军建在了巨大的山脉中。

后来有人统计，志愿军挖的坑道长达 1250 千米，相当于从北京到杭州的距离；他们挖的各种堑壕、交通壕总长度则达到 6240 千米，比万里长城还长。为建造这些工事，志愿军挖出的土石方多达 6000 万立方米。如果以 1 立方米排列，那么这些土石方可以形成一道环绕地球赤道一周半的长堤，堪称人类战争史上空前的奇观！

坑道工事形成后，美军空炮火力对志愿军的杀伤大大减少了。如 1951 年夏季美军平均发射 40~60 发炮弹可杀伤志愿军 1 人，而 1952 年 1 月—8 月则平均发射 660 发炮弹才能杀伤 1 人。

对志愿军创造的坑道防御体系，毛泽东给予了很高的评价。1952 年 8 月，他在全国政协会议上总结说："能不能守，这个问题去年也解决了。办法是钻洞子。我们挖两层工事，敌人攻上来，我们就进地道。"次年，他又在中央政府会议上评价说："有了坑道以后，伤亡就更少了。我们越打越强。美国人攻不动我们的阵地，相反，他们总是被我们吃掉。"

冷枪冷炮杀敌

在大规模构筑坑道的同时，志愿军前线部队为了巩固阵地和消耗敌人，不断地以小分队为单位出击或狙击，袭扰敌人。后来，这种狙击活动被赋予了极富中国特色的名称——冷枪冷炮杀敌运动。据统计，1951 年 11 月末至

1952 年 9 月，志愿军在前线共杀伤“联合国军”11.7 万人，其中大多被冷枪冷炮杀伤。同一时期中朝军队伤亡 3.6 万人，绝大多数是被敌炮火杀伤。

事实证明，在双方长期阵地对峙的情况下，广泛开展狙击活动是造成敌人疲劳厌战的有效手段。志愿军的火力和技术装备处于绝对劣势，却通过神出鬼没的小分队出击和无处不在的狙击活动使“联合国军”士兵在前沿日夜惊恐不安，龟缩于工事中，丧失了行动自由，从而使志愿军掌握了战场上的主动权。

在一次夜袭中，志愿军的一个小分队很轻松地夺下了美军的一个地堡。一个美国兵的表现极其古怪，他是这个地堡中唯一正在值勤的哨兵，却把枪架在地堡顶上，扳机上拴根绳子抓在手里，不时拉动一下绳子发射几颗子弹，头却埋得低低的。这个地堡当然是被一锅端了，当志愿军战士问这个美国哨兵为什么不观察外面时，他答道:“不敢抬头……”

狙击手在世界战史上早已有之，但在朝鲜战争之前，各国军队都只将少数狙击手进行的这种猎杀行动作为一种战术补充，像志愿军在抗美援朝战场上这样将其作为一种群众性的、带有某种战略色彩的大规模狙杀活动，在世界战争史上前所未有。这种争取战略主动权的狙杀行动一直活跃到整个战争结束，给“联合国军”造成了巨大的心理打击和人员损失。

冷枪手张桃芳使用的苏联造 1944 式莫辛纳甘步枪

冷炮手唐章洪使用的 82 毫米迫击炮

抗美援朝是个大学校

早在志愿军入朝前，中央军委就考虑过入朝的部队实行轮番作战，当时着重考虑的是解决部队战时的休整和补充问题。1951 年 3 月，中央军委曾决定“采取轮番作战的方针”，设想以 21 个军分三番在朝鲜轮番作战。

当时任志愿军副司令员的邓华于 1951 年 4 月 16 日致电中央军委和毛泽东：在朝鲜与高度现代化装备之敌作战获得有许多新的经验，全国军队和干部轮流实战学习很有必要，在朝部队视情况每满十个月至一年则大换一次。他还特别提出：由于战争的长期性，部队轮番应与换班相结合。

毛泽东非常重视邓华的意见。在毛泽东的指示下，1951 年 6 月，中央军委和志愿军总部确定了在兵力使用上采取“轮番与换班相结合”的方针，主要着眼点已变为在现代化战争中锻炼全军部队和干部。7 月，停战谈判开始，中央军委原本估计战争有可能很快停止，制订轮战计划的工作也停顿下来了。

进入 1952 年以后，战争呈现长期持续而又难以扩大的迹象，5 月间停战谈判又陷入停顿，中共中央对谈判做了拖过 1952 年底的准备，“并决心坚守已经巩固起来的现时朝鲜前线阵地，加修第二线坚固工事，准备应付今年夏秋两季可能到来的敌人的进攻”。

在这种形势下，5 月 15 日，周恩来主持中央军委会议，经过讨论，代总参谋长聂荣臻、副总参谋长粟裕经与彭德怀商定，制订出国内已改换苏式装备的部队全面入朝轮战的计划。8 月 4 日，毛泽东在政协常委会上谈到这一计划时说：“抗美援朝战争是个大学校，我们在那里实行大演习，这个演习比办军事学校好。如果明年再打一年，全部陆军都可以轮流去训练一回。”

入朝轮换作战

由于战线已经稳定，为了使国内未参战的指挥员也能了解现代化战争的经验，总参谋部于 1952 年 4 月组织了赴朝参观团，参加者为野战部队的首长和特种兵各军（不含地方军区）的军长、师长。毛泽东还专门在规定上加写道：“军长、师长凡无重病者都要去参观，不许不去。”

在组织国内指挥员入朝参观之后，自 8 月起中央军委又开始安排全国的陆军部队（除地方部队和公安部队外）入朝轮换作战。

根据中央军委的轮战计划，从 1952 年 9 月起，作为第一期轮换部队的第 23、24、46 军入朝与第 20、27、42 军轮换。国内又安排第 1、16、21、54 军作为第二期轮换部队，准备入朝。这批部队入朝后，因准备反登陆作战和实现停战，第三期轮换计划停止执行。在全国已经定编的陆军 34 个军中只有 8 个军未来得及入朝参加轮战。

在各野战部队入朝轮战时，空军、防空军、炮兵、装甲兵和工程兵等军兵种也以师或团为单位开始进行轮换。1952 年 12 月，总参谋部和总政治部又制订了兵团以上高级指挥机关和指挥员的轮换计划，并于 1953 年初开始实行。

至朝鲜停战为止，以志愿军名义先后参战的部队共有陆军 25 个军 79 个步兵师、16 个炮兵师、10 个坦克团、10 个铁道兵师和 12 个空军师。在整个人民解放军中，70%的步兵军、73%的炮兵师、30%的装甲兵、100%的铁道兵部队和 41%的航空兵师都入朝经受过实战锻炼。

该入朝轮战方针的实行大大增强了中朝方面在朝鲜进行持久战的决心和信心。

关于战俘遣返的谈判陷入僵局

在漫长的停战谈判之中，朝中方面曾以为 5 项议程中的战俘问题最好解决，战争双方停战后按照国际惯例互相交换战俘本来是天经地义的事。1929 年缔结的《关于战俘待遇之日内瓦国际公约》规定："战争结束时战俘应该毫不迟延地释放并遣返。"然而，1951 年 12 月，朝中方面提出双方遣返全部战俘的建议却遭到美方无理拒绝。

到 1951 年 10 月，朝中方面有战俘 11559 名（其中南朝鲜军 7142 人，"联合国军" 4417 人）。美国宣布，朝中方被俘 132474 人（其中志愿军战俘 20700 人），双方战俘数量之比达到了约 11∶1。

美方先后提出所谓"一对一交换"和"自愿遣返"等主张，并唆使南朝鲜对朝中战俘进行所谓"甄别"，威逼利诱朝中战俘刺字、写血书等，表示"拒绝遣返"。1952 年 4 月 19 日，美方宣称经过"甄别"，可遣返的朝中战俘仅为 7 万人，美方意在扣留朝中战俘的主张理所当然地遭到朝中方面的坚决拒绝。

知识拓展

杜德事件

1952 年 5 月 7 日，美军巨济岛第 76 号战俘营中的朝鲜人民军被俘人员扣留了战俘营长官弗兰西斯·杜德准将，并召开大会，列举大量事实控诉美方迫害、屠杀朝中被俘人员的罪行。杜德对此默认。经谈判，美军巨济岛战俘营答应了中朝被俘人员的包括停止暴行、停止对朝鲜人民军和中国人民志愿军战俘进行非法的所谓"自愿遣返"和强行性的"甄别"等 4 项要求。杜德被释放之后，"联合国军"总司令李奇微当即决定推翻承诺，调集大批军队，对战俘营进行了大规模血腥镇压。

1952 年 7 月，美方又将原定遣返的 7 万人提高到 8.3 万人，其中朝鲜战俘数量远多于志愿军战俘。毛泽东对此指出：“两者比例极不相称。敌人企图以此来挑拨朝中人民的战斗团结。”“我坚持不退，敌人仍有让步可能。如不让或破裂，我应决心与敌人战下去……”朝中方面团结一致，拒绝了美方这一挑拨性、引诱性的提议，板门店谈判因战俘问题又陷入僵局。

第五章

以战促和，夺取最后胜利

一 鏖战上甘岭

必须守住上甘岭

1952 年秋，志愿军和朝鲜人民军全线战术反击作战不断取得胜利，“联合国军”的处境愈加被动。此时，正值美国总统选举和联合国第七届大会召开前夕，关于战俘遣返的谈判陷入了僵局。“联合国军”为适应政治斗争需要而遏制志愿军和朝鲜人民军正在进行的战术反击，摆脱战场上的被动局面，谋求在停战谈判中的有利地位，于 10 月 8 日单方面宣布无限期休会，并向朝中方面施压。10 月 14 日“联合国军”开始在朝鲜半岛中部战线发动金化攻势。

范佛里特的攻击目标是志愿军在上甘岭地区防守的 597.9 高地和 537.7 高地北山。上甘岭是志愿军中部战线战略要点——五圣山的前沿阵地，可控制“联合国军”中线与东线的连接点，位置极为重要。上甘岭若失，五圣山就直接受到威胁；五圣山若失，“联合国军”便可居高临下，志愿军在平康平原就很难立足。因此，志愿军必须守住上甘岭。

战役开始时，志愿军第 15 军正在参加 1952 年秋季战术反击战，驻守上甘岭阵地的第 45 师原计划反击注字洞南山的南朝鲜军。而在此时，“联合国军”突然向上甘岭发起进攻。第 15 军立即改变作战计划，全力投入上甘岭地区的防御作战中。

争夺表面阵地

美军的炮火空前猛烈，第一天就向上甘岭发射 30 余万发炮弹、投下 500 余枚航弹，高地上的野战工事全部被摧毁，阵地的石土被炸松，变成了一片焦土。这创造了朝鲜战争中单位面积火力密度的纪录。

“联合国军”经过两天的炮火准备后，于 10 月 14 日 5 时开始进攻。“联合国军”原以为只需投入 2 个营的兵力用 5 天时间即可占领 597.9 高地和 537.7 高地北山。但其进攻发起后却遭到志愿军的顽强抗击，第一天即投入了美第 7 师和南朝鲜第 2 师各一部共 7 个营的兵力，并动用了 300 余门大口径火炮、30 余辆坦克、40 余架次飞机进行支援。

美军和南朝鲜军采取多路多波次的方式连续发动猛攻。志愿军第 45 师通往一线阵地的电话线全部中断，各防御部队只能各自为战。在遭受炮火突袭、伤亡巨大的情况下，志愿军仍表现出迅速应变的顽强斗志，先后击退 1 个排至 1 个营敌军的 10 余次冲击。

因仓促应战，志愿军白天战至 17 时，表面阵地大部分丢失，防御分队转入坑道坚持战斗。而到了夜晚，这里又成为志愿军的天下。当天夜间，第 45 师组织 4 个连从坑道进行反击，将立足未稳的“联合国军”打了下去，又占领了全部表面阵地。战斗中，第 135 团排长孙占元为掩护战

上甘岭战役中被炸碎的岩石，这一堆岩石里有 70 多块弹片

上甘岭战役中被炸断 50 多处的电话线

友炸毁敌人火力点，在双腿被弹片齐膝削断的情况下仍以惊人的意志坚持指挥战斗，最后拉响手榴弹与敌人同归于尽，荣立特等功，后被授予“中国人民志愿军一级战斗英雄”荣誉称号。

从 15 日起，“联合国军”又先后投入 2 个团另 4 个营的兵力在密集炮火和航空兵火力支援下轮番进攻。第 45 师调整部署，不断增加防守兵力，依托坑道工事，白天阻击，夜间反击，与美军和南朝鲜军激烈争夺表面阵地。战斗日益白热化，阵地多次易手。南朝鲜第 2 师师长丁一权曾回忆说：“……累计夺取了 28 次，但被夺回去了 27 次。”

在 19 日反击 597.9 高地的战斗中，第 135 团通信员黄继光在部队被敌人火力压制而前进受阻时，挺身而出，带领两名战友去完成爆破任务。在连续摧毁多个火力点之后，他身负重伤仍顽强爬向最后一个火力点，以身体堵住敌军机枪工事射击孔，光荣牺牲，为部队开辟了冲锋道路。志愿军领导机关给他追记特等功，并追授他“特级英雄”称号。黄继光的名字和光辉事迹被刻在了上甘岭背后的五圣山石壁上。

在第一阶段作战中，美军与南朝鲜军先后投入了 17 个营的兵力，志愿军第 45 师先后投入 21 个步兵连的兵力，共毙伤敌 7000 余人。

转入坑道斗争

战至 10 月 20 日，志愿军第 15 军在上甘岭的大部分表面阵地被美军占领后，军长秦基伟经请示邓华同意，果断下令：暂停反击，转入坑道，以小分队活动牵住敌人的鼻子，为积聚力量投入反击做准备。

本来“联合国军”发动这次攻势是为了扭转被动局面。但是，集中了那么多兵力和火力，只是攻占了 2 个小小的山头，连攻 7 天都不能解决问题，反而遭受了惨重损失，仅美第 7 师就死伤 2000 多人。这不免使“联合国军”

总司令克拉克（此时李奇微已调离）和范佛里特觉得大失“联合国军”的面子。为了挽回面子，他们只好硬着头皮，继续干下去。克拉克后来说：“这个开始为有限目标的攻击，发展成为一场残忍的挽救面子的恶性赌博。”

克拉克和范佛里特只好调整部署，将遭受重创的美第 7 师撤出战斗，进攻任务全部交给南朝鲜第 2 师，并将南朝鲜第 9 师调至金化以南地区作为战役预备队。这种行径让南朝鲜人非常恼火。一名南朝鲜师长就愤愤不平地说：“美国人、南朝鲜人同样都是人，这不是叫我们替他们牺牲吗？”

志愿军第 3 兵团和第 15 军为准备进行决定性反击，也对上甘岭地区的部署进行了调整。第 15 军命令第 45 师全力投入 597.9 高地和 537.7 高地北山作战，并重点进行坚守坑道作战；第 29 师接替第 45 师其他地段的防务；第 44、29 师部队在相邻地区加强对当面敌人阵地的反击作战，以牵制敌人力量，配合第 45 师作战。

人物档案

秦基伟

1914.11.16—1997.2.2

中国人民解放军上将，湖北省黄安县（今红安县）人。1951 年 3 月参加抗美援朝，率志愿军第 15 军参加第五次战役，后参与指挥上甘岭战役，坚守上甘岭 40 余天，死战不退，顶住了“世界战争史上最猛烈的一次火力攻击”，打出了军事史上的奇观。第 15 军因表现优异而被改编为空降兵第 15 军。

第 3 兵团将第 12 军第 31 师调往五圣山地区，作为战役预备队，给第 15 军增加了 2 个炮兵营又 7 个炮兵连。志愿军总部也给第 15 军增加了 1 个高射炮兵团和 1 个工兵营。第 3 兵团和第 15 军还给一线损失巨大的第 45 师补充了 1200 人。

顽强坚守坑道

10 月 21 日后，战役转入第二阶段。占领表面阵地的“联合国军”和南朝鲜军采取轰炸、爆破、放毒、熏烧、堵塞、封锁等手段，力图消灭坚守坑道的志愿军分队。战斗进行得异常惨烈。第 45 师 21 个步兵连伤亡人员都已超过半数。24 日晚上，秦基伟将军部警卫连补充到 1 号坑道，120 多人穿过两道固定炮火封锁线后到达坑道的只剩 1 个副排长和 25 个战士。

志愿军克服缺粮、缺弹、缺水和空气污浊等令人难以想象的困难，顽强坚守坑道，并组织班或战斗小组向表面阵地出击 158 次，毙伤敌 2000 余人，夺回 7 处阵地。

志愿军纵深部队以 19 个炮兵连组成炮兵群，支援坚守坑道的分队作战，保护两个高地的主要坑道口，并多次组织部队在坚守坑道的分队配合下实施反击，减轻了坚守坑道的分队的压力，还利用反击时机部分轮换坚守坑道的分队，补充物资。

在艰难的火线运输中，志愿军第 135 团 5 连一位年轻的运输员在将弹药运进坑道的同时带进来一个苹果。运输员将苹果送给在坑道内的 7 连连长张计法。张连长接过苹果，舍不得吃，让坚守坑道的战士们用这个苹果润润喉咙。但是战士们谁也舍不得吃这个宝贵的苹果，又完整地传回到连长手里。最后在连长命令下大家才一人一小口分吃了这个苹果，这充分体现出革命战士伟大的友爱互助精神。这就是后来广为流传的“一个苹果”的故事。

在坑道内外部队的有力配合下，志愿军有效地坚持了坑道斗争，为准备决定性反击赢得了时间，创造了有利条件。

实施决定性反击

10 月 29 日夜，志愿军第 15 军 2 个连越过“联合国军”炮火封锁区，神不知鬼不觉地进入 597.9 高地坑道，与原坑道部队会合后作为反击第一梯队。志愿军后续集中了两个梯队的反击部队，于 10 月 30 日夜在百余门火炮（包括压箱底的 20 多门火箭炮）的强大支援下，向 597.9 高地发起了一波接一波的冲锋，一个排的兵力往往冲锋一次就所剩无几了。

恶战了 5 小时后，志愿军收复了主峰。次日凌晨，南朝鲜第 2 师第 31 团和埃塞俄比亚营实施反攻，发动了 40 余次攻击。经过一天的战斗，全员上阵的南朝鲜第 31 团便完全丧失了战斗力。战斗之血腥惨烈，连夜赶来督战的美第 9 军军长詹金斯也为之胆寒，下令停止进攻。

战役的第三个阶段开始了。在范佛里特的严令下，11 月 1 日，美第 7 师和南朝鲜第 9 师再度攻上山头。战至 2 日拂晓，志愿军又收复了 597.9 高地的全部表面阵地，但第 45 师补充后用于反击的 10 个连也全部打光了。志愿军第 3 兵团审时度势，决定将第 12 军第 31 师余下的第 91、92 团全部配属给第 15 军发起反击。

此时，美军的进攻兵力也几近枯竭，打红了眼的范佛里特不仅调来了南朝鲜第 9 师第 30 团，而且还把集团军预备队——精锐的美第 187 空降团拉来当步兵团用。3 日，这两支敌军兵分 5 路进攻，志愿军第 45 师投入仅存的最后一个连队，危急时刻，第 12 军第 31 师的增援部队冲上了战场。

5 日，第 12 军第 31 师全面接替 597.9 高地防务。当晚，第 45 师奉命撤出战斗了 23 个昼夜的阵地。有一个先后藏过三四百人的 1 号坑道只走出了 8 个人。

6 日早晨，美国人无奈地向新闻界承认：“到此为止，‘联合国军’在三角形山（即 597.9 高地）是打败了。”这一天刚巧是美国新当选的艾森豪威尔总统正式就职的日子。此后，双方又围绕 537.7 高地北山，展开了惨烈的争夺战，激战至 25 日，志愿军击退南朝鲜军多次进攻，巩固了 537.7 高地北山阵地。“联合国军”伤亡惨重，被迫停止进攻，上甘岭战役结束。

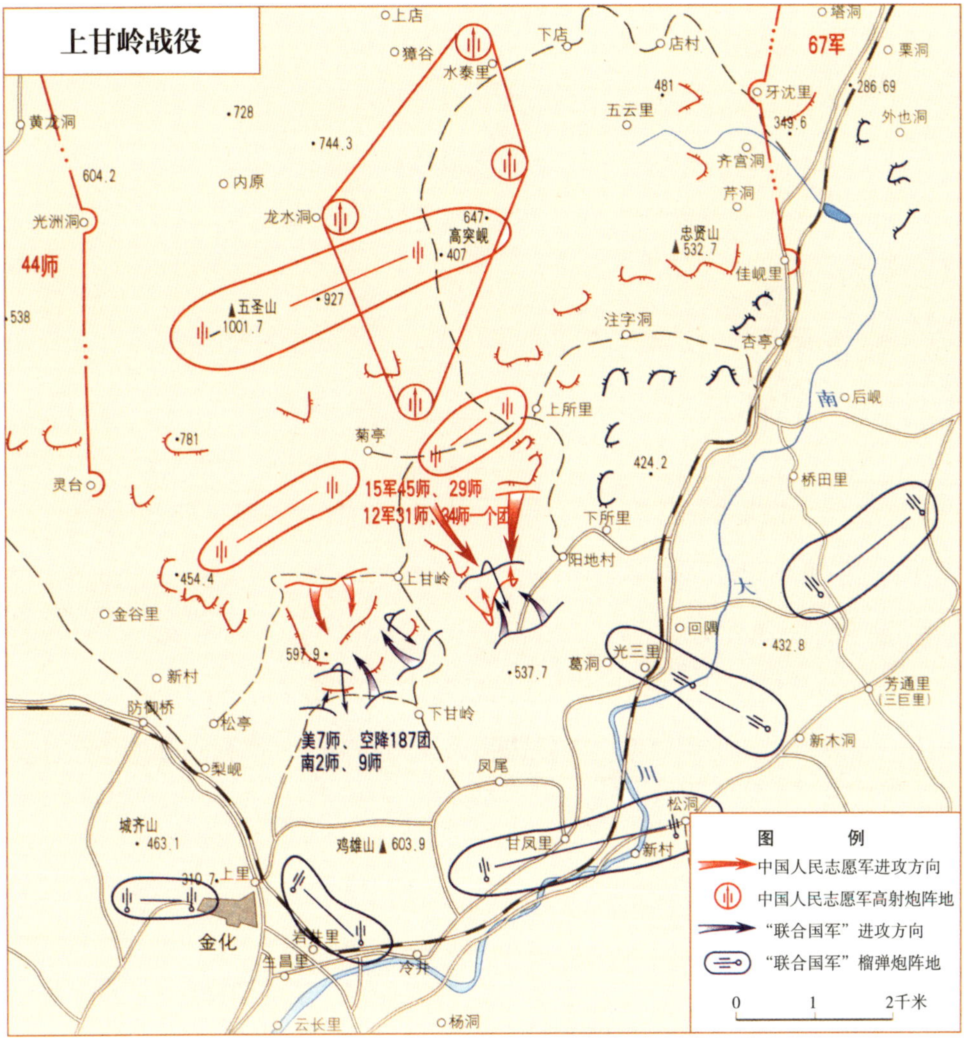

上甘岭战役示意图

打出“上甘岭精神”

此次战役中，交战双方先后动用兵力达 10 万余人，反复争夺 43 天，作战规模由战斗发展为战役，其激烈程度在世界战争史上都是罕见的。“联合国军”炮兵和航空兵对总面积不足 4 平方千米的上甘岭地区共发射炮弹 190 万余发、投掷炸弹 5000 余枚，将高地上的土石炸松 1~2 米。

上甘岭战役打出了“上甘岭精神”，这就是：

为了祖国，为了人民，为了胜利的奉献精神；

不屈不挠，团结战斗，战胜困难的拼搏精神；

英勇顽强，坚决战斗，血战到底的胜利精神。

此役之后，美军再没有向志愿军发动过营以上规模的进攻，朝鲜战局从此稳定在了三八线上。

志愿军第 15、12 军贯彻“坚守防御、寸土必争”的作战方针，依托坑道工事，坚决抗击“联合国军”的进攻，击退“联合国军”营以上兵力冲击 25 次、营以下兵力冲击 650 余次，并进行了数十次反击，共毙伤俘敌 2.5 万余人，击落击伤敌机 270 余架，击毁击伤其大口径火炮 60 余门、坦克 14 辆，最终守住了阵地，粉碎了“联合国军”的金化攻势。作战中，志愿军伤亡 1.15 万余人。

上甘岭战役创造了现代战争史上坚守防御作战的范例，表明以坑道为骨干的支撑点式的防御体系，对抗击强大火力的突击、增强防御的稳定性具有巨大作用。

上甘岭战役中志愿军和“联合国军”火力兵力对比图

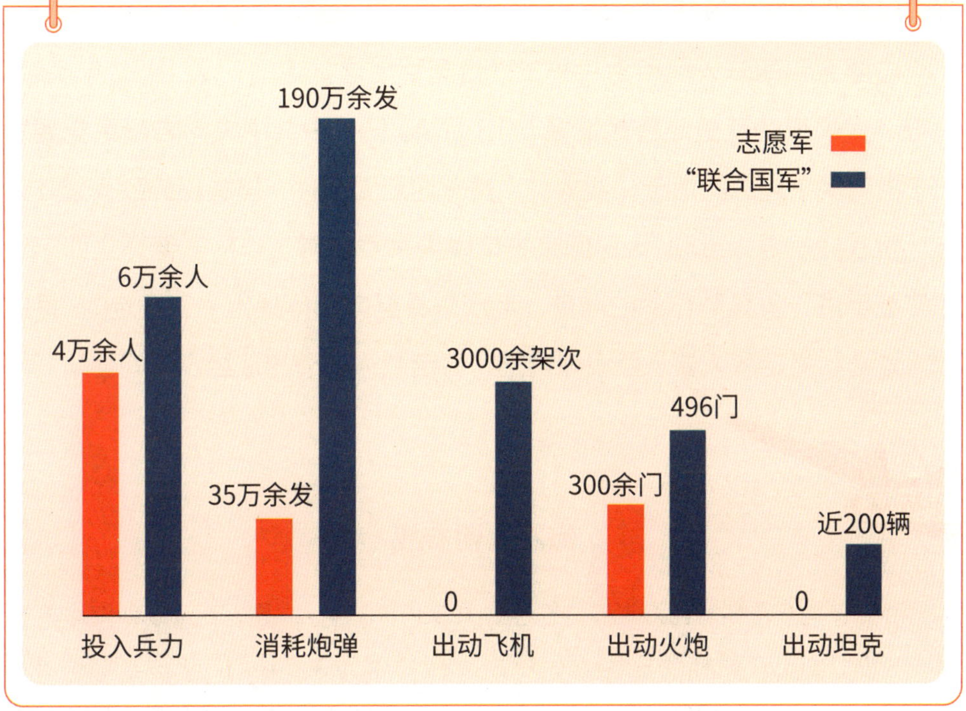

二 反登陆准备与夏季反击

积极应对美军登陆

1952 年冬，朝鲜停战谈判仍无进展。新当选的美国总统艾森豪威尔表示，如果谈判还不成功，就要不顾一切危险全力发动一场进攻。5月，克拉克接替李奇微任“联合国军”总司令，并组织专门小组制订了在志愿军和朝鲜人民军侧后实施登陆的计划。

志愿军和朝鲜人民军为粉碎“联合国军”这一企图，从1952年底起，进行了大规模的反登陆作战准备。12月20日，中共中央向志愿军党委发出了由毛泽东起草的指示，要求“准备一切必要条件，坚决粉碎敌人登陆冒险，争取战争更大胜利”。已回京主持中央军委日常工作的彭德怀立即电令邓华着手进行反登陆作战的准备，毛泽东甚至向邓华提出“三肯定”：肯定敌人登陆，肯定敌人要从西海岸登陆，肯定敌人在清川江至汉川间登陆。

知识拓展

海军入朝参战

为粉碎美军在朝鲜西海岸登陆企图，1953年3月，志愿军组建了西海岸指挥部海军办公室，在朝鲜半岛清川江口到元山一线海岸重点设防，由海军副参谋长张学思任总指挥。为保密起见，海军办公室人员全部穿朝鲜人民军军装，佩戴朝鲜人民军军衔，其中张学思被授予朝鲜人民军海军少将。3月23日，海军淞沪基地和青岛基地的各一个岸炮连进入朝鲜，部署在平安道沿岸。海军还选定快艇第31大队作为预备参战部队，因补给条件限制留在青岛备战。4月初，抽调华东海军各单位组成海军布雷队，使用机帆船运载水雷，在清川江口布设水雷190枚，设置4个雷区。4月底，美军于清川江口进行登陆演习，结果一艘登陆舰触雷沉没。此外，虽然海军未能在朝鲜战场上取得其他实际战果，但参加1953年春反登陆作战准备所获得的经验和教训对后来人民海军的建设起到了积极作用。

志愿军第38、39、40军从入朝起一直在前线执行作战任务，这3支劲旅在本该回国之际被调往西海岸进行反登陆作战。另外，国内第2批轮

反登陆作战准备兵力部署情况表

西海岸	志愿军：6 个军又 1 个师 普通炮兵 14 个团又 9 个营 高射炮兵 2 个团又 13 个营 坦克 6 个团 朝鲜人民军：1 个军团又 1 个旅
东海岸	志愿军：2 个军又 1 个师 普通炮兵 2 个团又 3 个营 高射炮兵 5 个营 坦克 1 个团 朝鲜人民军：2 个军团又 2 个旅
正面战线	志愿军：10 个军（其中 3 个军为二梯队） 普通炮兵 14 个团另 28 个营 高射炮兵 24 个营 坦克 4 个团 朝鲜人民军：3 个军团又 2 个旅（其中 1 个军团为二梯队）
志愿军空军	歼击机 9 个师又 1 个夜航大队 强击机 2 个师 轰炸机 2 个师
入朝参战海军部队	2 个海岸炮兵连 2 个鱼雷艇大队 1 个海上巡逻大队

换的第 1、16、21、54 军 4 个主力野战军也被立即抽调入朝，6 个铁道兵师也入朝抢修备用新线路。到 1953 年 3 月，在朝志愿军已达 19 个野战军、8 个地炮师、5 个高炮师、2 个坦克师、10 个铁道兵师和 1 个公安师，共 135 万人。此时，志愿军在朝鲜的人数是抗美援朝期间最多的，派往朝鲜的野战军数量甚至超过了留在国内的数量。

志愿军空军则准备了 14 个师 500 架飞机准备投入作战，连刚刚初具规模的海军也调了一个鱼雷艇大队停泊于鸭绿江口，还有一批海军人员还入朝参加了布设水雷的行动。这样志愿军的陆海空三军先后都参加了抗美援朝战争。

美国人知难而退

从 1952 年末至 1953 年春，180 万人的中朝军队连同朝鲜的广大群众日夜施工，到 1953 年 4 月底，朝鲜除背对志愿军的鸭绿江一线外，从正面战线一直延伸到东西海岸都形成了一个以坑道、地道和钢筋水泥工事为骨干的弧形防御体系，成为一条纵深 20~30 千米、总长达 1100 千米的钢铁防线。

中朝军队在美军可能登陆的东西海岸设置了纵深 10 千米的两道防御带，此外还有堑壕、交通壕 3100 余千米，以及不计其数的火力点和掩体。此外，志愿军还储备了足够全军吃 8 个半月的 1.25 亿千克粮食和 12.38 万吨弹药。

面对如此强大的防御体系，美国人不得不知难而退，在战争初期失误不断的美国中央情报局终于给出了较准确的情报："目前在北朝鲜的部队，大约有 19 个志愿军和 5 个朝鲜军团。其中大约有 30 万人部署在可能发生登陆作战的海岸地区，可立即投入海岸地区的作战……一旦'联合国军'按计划在朝鲜发动进攻，志愿军将展开最大限度的地面防御，来抵抗'联合国军'的进攻并实施坚决的反击。"

连计划登陆战的克拉克也认识到贸然进攻的可怕后果："志愿军沿海滩

的防御体系和前线的防御体系一样，纵深的距离甚长，并且它的效力大部分依靠地下设施。但是，除开地下工事外，还有一道道的明壕从滩头向后分布，因此，任何从海上攻击的部队，一旦他们在岸上获得立足点，即被迫去攻击一道又一道的战壕。雷区到处都是。大部分稻田地区被水淹没，变成战车的大陷阱，使我们的装备在泥淖中寸步难行。”

因此，“联合国军”经过权衡利弊，被迫放弃了军事冒险的计划，于4月26日同朝中方面恢复了中断6个月之久的停战谈判。

发起夏季反击

1953年4月26日，因战俘问题由“联合国军”单方面宣布中断半年之久的朝鲜停战谈判重新恢复。但美国政府仍推行两手政策：一面同朝中方面进行谈判，一面积极扩编南朝鲜军，做继续战争的准备。

此时，“联合国军”总兵力达120万人，地面部队有24个师，其中南朝鲜16个师。中国人民志愿军和朝鲜人民军经1953年春季反登陆作战准备后阵地更加牢固，火力大大增强，作战物资也较充足，总兵力达180万人。

毛泽东根据朝鲜战场形势，确定了志愿军行动的指导方针，即“争取停、准备拖。而军队方面则应作拖的打算，只管打，不管谈，不要松劲，一切按原计划进行”。据此，志愿军决定在继续加强海岸防御的同时，以积极的行动配合停战谈判，准备进行像1952年秋季战役那样的反击作战，研究确定了战役部署。

志愿军第一次进攻主要歼灭“联合国军”连以下目标。经充分准备，5月13日—25日，第20、9兵团发起第一次进攻，先后向美军1个师、南朝鲜军7个师连以下兵力防守的20个目标正面攻击29次。志愿军共毙伤俘敌4130余人，志愿军伤亡1600余人。在志愿军攻克的19个目标中巩固占领 2 个，反复争夺后放弃 5 个，其余 12 个攻克后主动撤出。

志愿军第二次进攻重点攻击南朝鲜军营团阵地。5 月 27 日，志愿军第 20 兵团第 60、67 军按计划发起第二次进攻作战，攻占方形山等阵地。28 日，第 19 兵团第 46 军也开始进攻作战，攻占马踏里西山等阵地。此时，美方在谈判中基本同意朝中方面提出的关于解决战俘问题的方案，谈判可望达成全部协议。但李承晚集团极力阻挠，指使其谈判代表退出谈判。志愿军首长决定将作战对象改为以南朝鲜军为主。

志愿军第 20 兵团代司令员郑维山在即将回国前决心按计划打好最后一仗，拔掉由 883.7 高地、973 高地、902.8 高地和十字架山伸向我方阵地的“楔子”。他提出了一个大胆的计划，即一昼夜在敌前潜伏 3500 人。这个任务交给了第 60 军。该军第 180 师在第五次战役后期损失极大，第 60 军新任军长张祖谅决心就用重新组建的第 180 师去打个翻身仗。

第 180 师打了翻身仗

6 月 10 日晨，郑维山、第 20 兵团政委张南生，即将接任的兵团司令员杨勇、政委王平，以及前来观战的大批南京军事学院的将军、学员一起进抵龙门山，此地离 883.7 高地不足 3000 米。

当夜 20 时 20 分，志愿军集中 259 门火炮将成千上万发炮弹突然倾泻到敌军阵地。几分钟后，炮火转入纵深，南朝鲜军纷纷爬出掩蔽部进入野战工事，不想到数分钟后炮火又掉头打回来。“喀秋莎”火箭炮 21 师也加入第三次火力急袭，将南朝鲜军阵地打成一片火海。

接着，已在敌人阵地前 300 米潜伏了 19 小时的第 180 师 3500 人突然杀出，如风卷残云，仅仅 50 分钟就将南朝鲜军第 27 团全部歼灭，3 个高地全部拿下来了。第 180 师彻底打了个翻身仗，首创阵地战以来一次进攻歼敌一个团大部的范例。天亮后，南朝鲜军大举反扑，第 60 军借着连夜抢修的野战工事，击退其 10 多次冲锋。

接替范佛里特的美第 8 集团军司令泰勒中将正在指挥南朝鲜军反击第 60 军时，郑维山声东击西，派出志愿军第 67 军突袭十字架山的南朝鲜第 21 团，只用了 1 小时 20 分钟就攻占了这个“联合国军”苦心经营 2 年的要塞。这让外号为“进攻先生”的泰勒手忙脚乱，赶紧去堵南朝鲜军第 21 团那边的漏洞。

志愿军第 20 兵团二梯队 2 个师从东西两侧突然同时进入战场，向南朝鲜第 5 师和第 20 师的阵地发起猛攻，敌军再也招架不住，被彻底击溃。6 月 15 日，志愿军第 20 兵团剑指金城，准备一举攻取这个战略要地。此时志司来电命令停止进攻，朝鲜停战谈判达成协议了。

6 月 16 日，第二次进攻作战结束。此次进攻中志愿军和朝鲜人民军对“联合国军”团以下兵力防守的 51 处阵地（其中团阵地 3 处、营阵地 9 处）攻击 65 次，并先后击退敌人反扑 733 次，共毙伤俘敌 4.1 万余人，给南朝鲜第 5、8 师以歼灭性打击，扩展阵地 58 平方千米。志愿军伤亡 1.7 万余人。

知识拓展

“喀秋莎”火箭炮

BM-13 型火箭炮绰号为“喀秋莎”，是第二次世界大战中苏联研制和装备的一款轮式车载火箭炮。采用载重卡车为底盘，安装 8 个导轨式发射架构成移动式火箭炮发射系统，可挂载 16 枚 M-13 型固体燃料火箭弹，战斗射程达 8.5 千米，弹径大、弹群密集、发射速度快、杀伤破坏力大、战场机动性能好。在抗美援朝战争期间，“喀秋莎”火箭炮加入了志愿军炮兵部队，共组建了 2 个火箭炮师，即第 21、22 师，使志愿军火力大为增强，成为让美军闻风丧胆的地面火器。第 21 师从 1951 年 9 月开始入朝作战，历时两年半，先后配合 12 个军，在兄弟炮兵部队的支援下协同步兵参加了大小战斗 30 余次，歼敌 10 万余人，击毁敌坦克 56 辆、汽车 230 余辆、火炮 30 余门，击落和击伤敌机 24 架。

三 金城最后一战

再给南朝鲜军一次打击

1953年6月8日，朝鲜停战谈判关于战俘问题达成协议。至此，朝鲜停战谈判的各项协议已全部达成。6月15日，重新确定军事分界线的工作基本完成，谈判双方即将签订停战协定。

然而，一个意外事件打乱了和平的进程。南朝鲜李承晚集团竟以“就地释放”为名，强行扣留朝鲜人民军被俘人员2.7万余名，并且宣称南朝鲜准备单方面继续打下去，企图破坏停战。美国则坚称自己与放俘一事无关，拼命推卸责任。克拉克甚至无奈地说：“让中国人教训一下他们吧！”

为顺利实现停战，彭德怀于6月20日建议，推迟停战协定签字时间，再给南朝鲜军一次打击。毛泽东于21日指示：“停战签字必须推迟，推迟至何时为适宜，要看情况发展方能作决定。再歼灭伪军万余人，极为必要。”志愿军决定以金城以南地区的南朝鲜军部队为主要攻击目标，发起金城战役，狠狠打击南朝鲜军，确保停战的顺利实施和停战协定的落实。

7月13日21时，夜幕之下阴云密布，暴雨将至。志愿军乘机突然发起进攻，以惊天动地的炮声拉开战幕，1100余门火炮实施了28分钟火力攻击，将1900吨炮弹倾泻在南朝鲜军阵地上，在主要突破地段摧毁了敌军30%地面工事、80%以上障碍物。这是志愿军入朝以来集中火炮数量最多、火力最强的一次战役。

“第一王牌”首当其冲

在强大炮火支援下，志愿军第20兵团只用1小时就将南朝鲜军阵地打得七零八落，闪电和炮火的亮光不时映照出一群群志愿军士兵奋勇冲杀的身影。南朝鲜军战线被全面突破，整个战场完全被志愿军控制住了。

南朝鲜陆军“第一王牌”首都师首当其冲。平心而论，在整个战争中，这个战前由南朝鲜首都警备司令部改编而成的步兵师的确是南朝鲜最能打的部队，其第1团是南朝鲜军队历史最悠久的团，绰号为“白虎团”。然而，在金城战役中，“白虎团”却虎威扫地。

“白虎团”一字排开的3个营，一开战就被志愿军打掉了右翼第2营。团长崔喜寅急令团预备队第9、11连前往增援。结果第9连一出发就淹没在志愿军炮火之中，丢掉了一半人马，另一半也逃得干干净净。第11连总算赶到第1营阵地，然后就在阵地上陪着第1营被消灭了。在志愿军空前猛烈的炮火下，所有的通信线路全部被摧毁了，崔喜寅急得像热锅上的蚂蚁一样团团转。

首都师的炮群发动反击，在数小时内疯狂地射出了全部炮弹，把阵地炸了个稀巴烂，但对前线战局来说只是杯水车薪，于事无补。

“白虎团”左翼的第26团也陷入崩溃的边缘。该团的坦克排一到阵地就遇上了雨点般的炮弹，领头坦克当即中弹起火，余下2辆掉头就跑，一线防御阵地顷刻崩溃。

午夜时分，志愿军攻占了南朝鲜第26团全部地表阵地，南朝鲜兵死的死，散的散，一部退入碉堡和坑道固守。擅长坑道战的志愿军先用炸药包、爆破筒炸塌坑道口，然后像掏老鼠洞一样再挨个收拾在碉堡和坑道里顽抗的敌人。

“白虎团”第2营边打边撤退到第二防御地带，尾随其后的志愿军见缝插针，从第2营和第1营接合部穿插进来，把第2营3个连分割包围，只用几颗手榴弹就端掉了营指挥所。这一战后，南朝鲜军上千人的满员营只剩下280人。

奇袭“白虎团”

就在志愿军围歼南朝鲜军前线部队时，一支精锐的志愿军特种部队如同一把利剑直插“白虎团”的心脏。志愿军第20兵团西集团右翼第68军第203师以第609团第2营和第607团侦察班组成穿插支队，迅速通过3000米的炮火封锁区，向南朝鲜军纵深迅速突进。

穿插支队在途中消灭了南朝鲜军约1个连的兵力，后在侦察班引导下向二青洞猛插，正好遇上南朝鲜军机甲团第2营乘坐40余辆汽车向北增援，便当即对其首尾夹击，歼灭大部，并击毙了机甲团团长。

与此同时，由副排长杨育才带领的侦察班12人化装成护送美军顾问的南朝鲜兵，巧妙地通过多道岗哨，冲破南朝鲜军增援部队阻拦，迅速突入南朝鲜军“白虎团”团部，趁其正在开会时冲进去突然开火，当场击毙了多名军官，缴获了“白虎团”团旗，捣毁了该团指挥系统，周围的南朝鲜军顿时群龙无首，失去了指挥，便丢弃武器弹药后四散奔逃。接着，穿插支队在暗夜掩护下消灭了团部附近的美军第555榴弹炮兵营，于7月14日3时占领梨实洞、北亭岭以北诸高地。

志愿军第203师穿插支队在充分准备的基础上，发扬英勇顽强的战斗作风，机动灵活，独立作战，3个多小时穿插前进9000米，进行大小战斗11次，直插南朝鲜军防御核心，歼灭“白虎团”团部，打乱了南朝鲜军防御体系，对西集团顺利完成战役的第一步任务起了关键性作用。

在第20兵团东、中、西3个攻击集团一浪高过一浪的攻击下，南朝鲜军脆弱不堪的防线再也顶不住了。第204师侦察分队在战斗中活捉了南朝鲜军首都师副师长，他是志愿军在朝鲜战场俘虏的敌军最高级军官。到14日晚，金城川之敌全部被肃清，南朝鲜守军4个师遭到毁灭性打击。

21小时内，志愿军在“联合国军”构筑两年之久的现代化防御阵地内推进了9500米，创造了战争双方在阵地战阶段推进距离的新纪录。

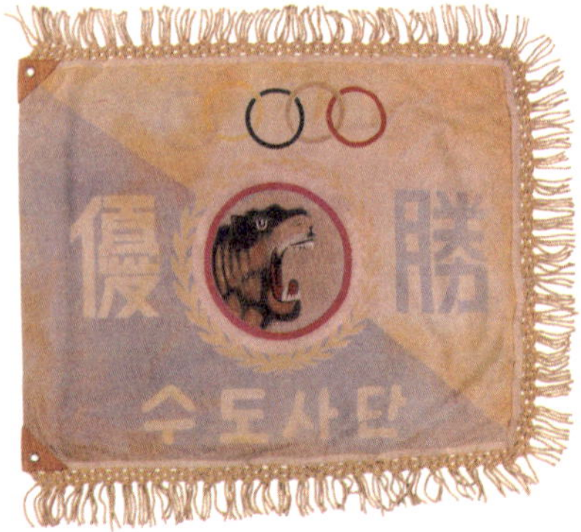

志愿军缴获南朝鲜首都师第1团（“白虎团”）的“优胜”虎头旗

志愿军缴获的“白虎团”胸章

7月15日、16日连续两天，志愿军第20兵团西集团以攻为守，继续有限度地向敌纵深扩大战果，中集团也在向前推进，东集团第180师一马当先，南渡金城川，进攻势头锐不可当。

当日，第20兵团贯彻“稳扎狠打”的战役方针，胜利完成了全部进攻任务，战略要地金城地区已全部得手，插入中朝战线一年多的钉子被干净利落地拔掉了。不但如此，志愿军兵锋已直指汉城，战场态势对我方极为有利。

最后一次战役

志愿军发起金城战役后，南朝鲜军害怕被歼，狼狈撤退。外电纷纷报道：“有些南朝鲜部队被中国军队浪潮切断，然后中国军队包围了这些部队，打到后方，其他部队仍在‘四面八方’作战，这些地方现已成了中国军队的‘后方’。”

这时，由于连日降雨，河水上涨，金城川上的桥梁全部被美机炸毁，新修道路泥泞难行，炮兵机动、通信联络和前线运输均发生困难，加之“联合国军”战役预备队已接近战场，志愿军第20兵团和第24军遂转入防御，准备抗击反扑。

南朝鲜军的大溃败让美国和南朝鲜矛盾加剧，美国人骂李承晚不听指挥又无能至极，李承晚骂美军背信弃义且见死不救。虽然几乎撕破了脸，克拉克和泰勒还是得匆忙赶到金城前线指挥反扑，声言发动最大的反攻，企图夺回失地，稳定战局。

但泰勒的反攻撞上了铜墙铁壁。7月18日到7月27日，整整10天，面对“联合国军”7个师穷凶极恶的反扑，志愿军阵地仍固若金汤，第20兵团仅仅弃守了因背水而难以坚守的巨里室北山阵地。随着朝鲜停战协定签字，金城战役胜利结束。

金城战役是抗美援朝战争的最后一次战役。这次战役本来是不该发生的，如果没有李承晚集团破坏战俘遣返协议，阻挠朝鲜停战实现，那么朝鲜停战在 1953 年 6 月底以前即可实现。李承晚因破坏停战受到了惩罚，才被迫同意停战。

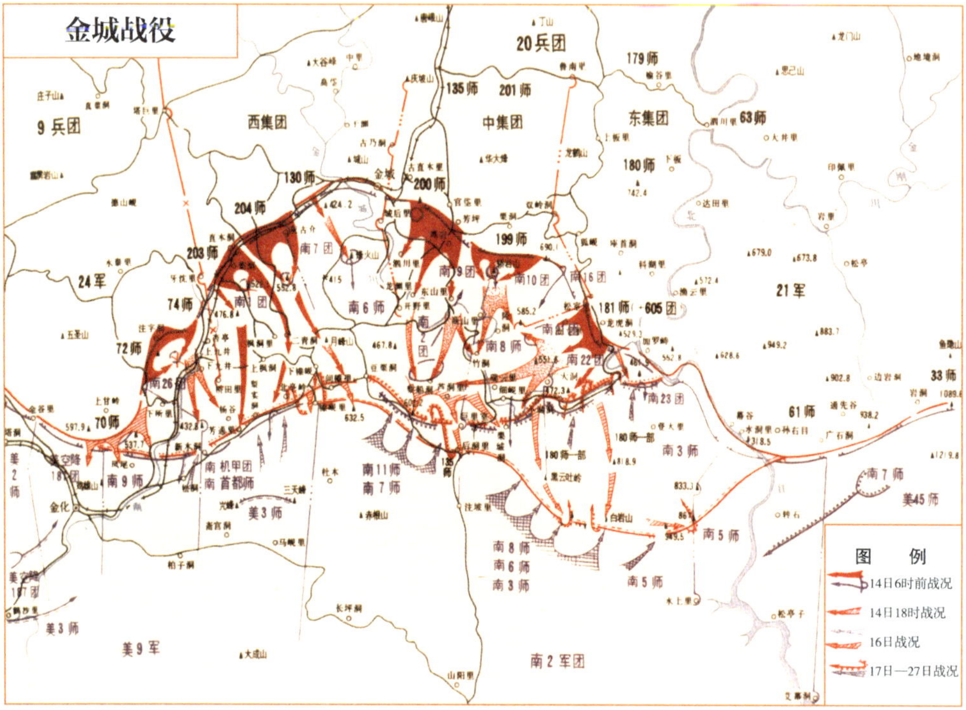

金城战役作战示意图

金城战役历时 15 天，志愿军第 20 兵团和第 9 兵团第 24 军突破南朝鲜军 4 个师防守的正面宽达 25 千米的坚固阵地，向南扩展阵地 160 多平方千米，拉直了金城以南地区战线，重创南朝鲜军 4 个师，毙伤俘敌 5.3 万余人，有力地促进了朝鲜停战的实现。作战中，第 20 兵团和第 9 兵团第 24 军伤亡 2.5 万余人。

四 最后的胜利者

签订停战协定

在金城战役进行的同时，美国人终于向朝中方做出了停战的承诺，并保证能够控制南朝鲜政府和军队，不以任何方式阻挠停战协定条款的实施。经过数次紧张的磋商，双方确定 1953 年 7 月 27 日为朝鲜停战协定签字的日子。

7 月 24 日，双方谈判代表最后一次确定了朝鲜战场的军事分界线。由于在金城战役和其他地段战役的胜利，中朝方比 6 月 17 日的战线又向前扩展了 192 平方千米。

7 月 27 日上午 9 时，寂静的板门店突然活跃起来，前来见证这一历史性时刻的世界各地记者共有 200 多人。大厅中央并列放置两张长方形的会议桌，这是双方首席代表签字的桌子。西边桌子上立着朝鲜民主主义人民共和国国旗，东边桌子上立着联合国旗。会议桌中间是一张方桌，放着 18 份双方签字文本。

9 时半，双方各有 8 名佩戴袖章的安全军官同时以正步进入大厅。接着，双方签字人员分由东西两门鱼贯而入。

10 时整，在一片寂静中，朝中代表团首席代表南日大将和“联合国军”代表团首席代表哈里逊并肩从南门进入大厅各自就座。

10 分钟内，双方签好了 18 份停战协定。南朝鲜没有在朝鲜停战协定上签字。

然后，南日和哈里逊各自带回对方的 9 本协定交由本方司令官签字。按照国际惯例，本应由双方司令官在此签署停战协定。朝中方提出，为防李承晚破坏签署仪式，刺杀对方司令官，建议采取此种稳妥形式，“联合国军”方面接受了这个提议。

10 时 10 分，签字双方退出会场，此时金城战役仍在进行。停战协定自双方代表 10 时签字时起还要再过 12 个小时（当日夜 22 时）才能生效，在此之前，双方还处于战争状态之中。

直升机立刻将朝中方签字文本送到汶山“联合国军”司令部，克拉克一言不发地在 9 份文本上签上了自己的名字。签完字后，克拉克无可奈何地告诉记者：“我们失败的地方是未将敌人击败，敌人甚至较以前更强大，更具有威胁性。”

后来，克拉克在回忆录中沉痛地写道：“我获得了一项不值得羡慕的荣誉：那就是我成了历史上签订没有胜利的停战条约的第一位美国陆军司令官。”

“联合国军”司令官、美国四星上将克拉克的话再清楚不过地说明了谁是这场战争的胜利者。

克拉克签字时，南日大将正坐车奔赴平壤。当晚 10 时，朝鲜人民军最高司令官金日成元帅于平壤首相府在停战协定上签了字。

取得伟大胜利

7 月 27 日 22 时，这是一个具有重大历史意义的时刻。在正式停火前一刻钟，双方阵地上对空射击的枪声、炮声此起彼伏，照明弹把阵地照得如同白昼一般。在阵地上、坑道里的双方官兵兴奋地等待着这一时刻的到来。

当时针指向22点时，顷刻间，万籁俱寂，弥漫在天空中的硝烟慢慢地消失在夏夜的凉风中。阵阵微风吹散了天空的乌云，皎洁的月光洒满了铁与血的群山。对于停战那晚的月亮，一名美军陆战队员回忆说："低垂空中，好像有一只中国灯笼。"

于是，从这一时刻起，在朝鲜的一切战斗行动完全停止。全世界人民渴望已久的朝鲜停战终于实现了。中国人民志愿军所进行的抗美援朝战争至此胜利结束。

此时，志愿军司令员兼政治委员彭德怀以胜利者的姿态，在朝鲜人民军副司令崔庸健次帅陪同下来到开城。28日上午9时30分，彭德怀在志愿军会议室用毛笔在停战协定上写下了"彭德怀"3个正楷大字。

"先例既开，来日方长……"，他感到有些遗憾，"但当时我方战场组织，刚告就绪，未充分利用它给敌人以更大打击，似有一些可惜。"后来彭德怀在总结抗美援朝战争胜利的报告中，庄严宣告：朝鲜战争"雄辩地证明：西方侵略者几百年来只要在东方一个海岸上架起几尊大炮就可霸占一个国家的时代是一去不复返了。"

1953年9月12日，毛泽东在中央人民政府委员会第二十四次会议的讲话中对抗美援朝做了总结："抗美援朝，经过三年，取得了伟大胜利……敌人伤亡了一百零九万人。当然，我们也付了代价。但是我们的伤亡比原来预料的要少得多，有了坑道以后，伤亡就更少了。我们越打越强。美国人攻不动我们的阵地，相反，他们总是被我们吃掉。……我们的经验是：依靠人民，再加上一个比较正确的领导，就可以用我们的劣势装备战胜优势装备的敌人。"

最后，毛泽东郑重警告："帝国主义侵略者应该懂得：现在中国人民已经组织起来了，是惹不得的。如果惹翻了，是不好办的。"

附录

抗美援朝战争主要战役战斗

第一次战役

战役时间 1950 年 10 月 25 日—11 月 5 日

战役地点 西线为温井、古场、云山地区；东线为黄草岭、赴战岭地区。

交战双方 西线为志愿军第 38（附第 125 师）、39、40、50、66 军，炮兵 4 个团又 1 个营，高射炮兵 1 个团；美第 1 军、南朝鲜第 2 军团，共 6 个师、1 个旅、1 个空降团。

东线为志愿军第 42 军（欠第 125 师），炮兵 2 个团；美第 10 军、南朝鲜第 1 军团，共 4 个师。

战役概况 志愿军入朝时，由麦克阿瑟指挥的“联合国军”已进占平壤、元山一线，并分东西两线以最快速度向中朝边境推进，形势非常严峻。鉴于志愿军隐蔽入朝尚未被敌察觉，毛泽东、彭德怀当机立断，改变原定入朝后先组织防御战的计划，决定采取在运动中各个歼敌的方针，立即发起进攻。

10 月 25 日，已做好战斗准备的志愿军与长驱直入的敌军遭遇，打响了出国作战的第一枪。志愿军利用战略上的突然性，给冒进之敌以出其不意的打击。他们先是采取边打边进的战法，分途各个歼灭冒进之敌，随即又集中志愿军主力，在云山战斗中给美军“王牌”部队美骑兵第 1 师以沉重打击，并在东线成功阻击了北上美军。

重要战斗

两水洞战斗（1950 年 10 月 25 日）志愿军第 40 军第 118 师在两水洞、丰下洞地区全歼南朝鲜第 6 师第 2 团第 3 营及 1 个炮兵中队，取得入朝第一个歼灭战的胜利。

黄草岭战斗（1950 年 10 月 25 日—11 月 7 日）志愿军第 42 军第 124 师在朝鲜人民军一部配合下，在东线黄草岭及草芳岭、烟台峰地区击退南朝鲜第 3 师、美陆战第 1 师进攻，歼敌 2700 余人，粉碎了敌人迂回江界之企图，有力地配合了西线作战。

云山战斗（1950 年 11 月 1 日—11 月 3 日）志愿军第 39 军攻占云山，重创号称“开国元勋师”的美骑兵第 1 师，歼灭美第 8 团大部、南朝鲜第 1 师第 12 团一部，共 2000 余人。缴获敌机 4 架、击落敌机 3 架，击毁与缴获敌坦克 28 辆、汽车 170 余辆、各种炮 119 门。极大地打击了美军的嚣张气焰，进一步坚定了志愿军的战斗信心。

飞虎山防御战斗（1950 年 11 月 4 日—11 月 8 日）志愿军第 38 军第 335 团在飞虎山阵地抗击南朝鲜第 7 师和美第 2 师部队进攻，歼敌 1900 余人，胜利完成了阻击任务，为西线战场志愿军部署赢得了时间和空间。

战役结果 获初战胜利，毙伤俘敌 1.5 万余人，将敌从鸭绿江边驱逐至清川江以南，粉碎了敌人妄图在感恩节前占领全朝鲜的计划。

第二次战役

战役时间 1950 年 11 月 6 日—12 月 24 日

战役地点 西线为博川、安州、价川、球场、宁边、三所里地区；东线为柳潭里、新兴里、下碣隅里地区。

交战双方 西线为志愿军第 38、39、40、42、50、66 军，炮兵 1 个营另 8 个连；美第 1、9 军，南朝鲜第 2 军团、英第 27 旅、土耳其旅，共 8 个师 2 个旅。

东线为志愿军第 20、26、27 军；美第 10 军、南朝鲜第 1 军团，共 5 个师。

战役概况 志愿军突然出现在朝鲜战场上，令美国当局大为吃惊，但仍错误地估计了志愿军的实力和意图。麦克阿瑟发起全面攻占朝鲜半岛北部的总攻势，并计划在圣诞节（12 月 25 日）前结束战争。针对美方战略上的错误判断和恃强骄傲的心理，毛泽东、彭德怀决定采取诱敌深入、集中优势兵力各个歼灭的方针，部署志愿军于 11 月下旬发起战役反击。在志愿军按计划示弱而节节阻击后撤的情况下，敌进至志愿军预定作战地区。

11 月 25 日黄昏和 27 日黄昏，志愿军相继在西线清川江一带、东线长津湖地区发起反击，包围、歼灭和重创了包括美军“王牌”部队陆战第 1 师在内的大批敌军。12 月 1 日，“联合国军”丢弃大量武器装备向三八线及以南地区撤逃。12 月 5 日，中朝军队收复平壤并继续向三八线推进。17 日，东线美军从海上南逃，战役遂告结束。

重要战斗

德川进攻战斗（1950 年 11 月 25 日—11 月 26 日）志愿军第 38 军攻占德川，歼灭南朝鲜第 7 师大部，在 42 军协作下打开战役缺口，为第二次战役胜利创造了有利条件。

宁远战斗（1950 年 11 月 25 日—11 月 26 日）志愿军第 42 军攻占宁远、孟山，歼灭南朝鲜第 8 师大部，在志愿军第 38 军协作下打开战役缺口，为第二次战役胜利创造了有利条件。

新兴里战斗（1950 年 11 月 27 日—12 月 2 日）志愿军第 27 军在长津湖东岸新兴里地区全歼美第 7 师第 31 团级战斗队，共歼敌 3191 人，击毙美第 31 团指挥官麦克里安上校和继任指挥官费斯上校，创造了志愿军在朝鲜战场上以劣势装备全歼现代化装备美军 1 个加强团的模范战例。

富盛里战斗（1950 年 11 月 29 日—11 月 30 日）志愿军第 20 军第 60 师在富盛里、小民泰里地区进行反击，将美陆战第 1 师第 1 团第 1 营、1 个坦克营、英海军陆战队第 41 特遣队等大部歼灭。

三所里、龙源里战斗（1950 年 11 月 26 日—12 月 1 日）志愿军第 38 军第 113 师迂回穿插到清川江以南的三所里、龙源里地区，完成了切断敌人退路的任务，坚决阻击南逃的美第 9 军，共歼敌 3000 余人，对第二次战役西线作战的胜利起到了关键作用。

战役结果 共毙伤俘敌 3.6 万余人，击退了敌人在圣诞节前结束朝鲜战争的总攻势，将敌人驱逐至三八线以南，迫使敌人由进攻转入防御，扭转了朝鲜战局。

第三次战役

战役时间 1950年12月31日—1951月1月8日

战役地点 三八线至三七线地区。

交战双方 志愿军第38、39、40、42、50、66军，炮兵2个师，以及朝鲜人民军第1、2、5军团；美第1军团、第9军，南朝鲜第1、2、3军团，共13个师3个旅。

战役概况 “联合国军”被击退到三八线以南地区后，一面利用既设阵地进行防御，一面抛出“停火建议”，企图争取时间调整部署，重整军队再次北犯。中朝军队决心不给敌人喘息之机，迅即发起第三次战役。采取正面突破、穿插迂回、分割围歼的战法，迅速突破敌三八线既设阵地，“联合国军”开始全线撤退。1月4日，中朝军队解放汉城。至8日，占领水原、利川、骊州、原州一线。此时，“联合国军”已撤至三七线附近。中朝军队识破了敌人有计划向南退却，诱己深入以待机反扑的企图，加上运输线延长，供应困难，于8日果断地停止追击。

重要战斗

高浪浦里东南地区战斗（1950年12月31日—1951年1月1日）志愿军第39军第116师强渡临津江，13小时前进12~15千米，突破南朝鲜第1师第11、12团防线，歼敌1049人。

高阳战斗（1951年1月3日）志愿军第50军第149师在碧蹄里、高阳等地区击溃美第25师1个营，全歼英第29旅皇家来复枪团第1营及第8骑兵（坦克）团直属中队，俘敌189人，毙伤敌500余人，缴获和击毁坦克31辆。

战役结果 突破敌三八线既设阵地前进 80~110 千米，解放了汉城，将敌驱逐至三七线附近地区，毙伤俘敌 1.9 万余人。

第四次战役

战役时间 1951 年 1 月 25 日—4 月 21 日

战役地点 三七线至三八线以北附近地区。

交战双方 志愿军第 26、38、39、40、42、50、66 军，炮兵第 1 师，以及朝鲜人民军第 1、2、3、5 军团；美第 1、9、10 军，南朝鲜第 1、3 军团，共 16 个师 3 个旅 1 个团。

战役概况 美军为消除失败的影响，缓和内部矛盾，稍经整顿和补充，即以汉城为主要突击方向，于 1 月 25 日对中朝军队发动全线进攻。这次进攻由美第 8 集团军司令官李奇微统一指挥，集中兵力 25 万余人，企图乘中朝军队连续作战而未得休整和补充之机，将其压回到三八线以北。中朝军队为制止敌军进攻，争取时间掩护后方二线兵团集结，在未经休整和补充的困难情况下，对进攻之敌实施积极的防御作战。整个战役分两个阶段。第一阶段从 1 月 25 日开始，中朝军队以 3 个军在汉江南北地区依托野战工事进行防御作战，有力地钳制了敌人的主要进攻集团。第二阶段从 2 月 17 日开始，中朝军队在全线转入机动防御，大量歼灭进攻之敌。3 月 14 日，中朝军队主动撤离汉城。至 4 月 21 日，将敌人阻于三八线附近地区。此时，敌军发现志愿军二线兵团已到达集结地域，便停止进攻，第四次战役遂告结束。

重要战斗

汉江南岸阻击战（1951 年 1 月 25 日—2 月 16 日）志愿军第 50、38 军和朝鲜人民军第 1 军团在汉江以南地区以无比顽强的防御制止了美英军在主要方向的突击，共毙伤俘敌 2 万余人，有力地配合了志愿军主力在东线的反击作战。

横城反击战（1951 年 2 月 11 日—2 月 13 日）志愿军邓华集团（第 39、40、42、66 军，炮兵第 1 师），朝鲜人民军第 2、3、5 军团在横城地区经过 35 小时激战，歼灭南朝鲜军第 8 师 3 个团全部及第 3、5 师和美军第 2 师各一部，共 1.2 万余人，对志愿军和朝鲜人民军完成战役防御任务起到了重要作用。

砥平里战斗（1951 年 2 月 13 日—2 月 15 日）志愿军第 39 军 2 个团、第 40 军 3 个团、第 42 军 2 个团围攻砥平里美第 2 师第 23 团及法国营，由于对敌情判断有误，各部队仓促投入战斗，未能攻下砥平里。

战役结果 志愿军采取坚守防御、战役反击和运动防御等多种作战形式，毙伤俘敌 7.8 万余人，掩护了志愿军战略预备队集结，为第五次战役的发动创造了有利条件。

第五次战役

战役时间 1951 年 4 月 22 日—6 月 10 日

战役地点 三八线附近地区。

交战双方 志愿军第 3、9、19 兵团所属各军及第 39、40 军，以及朝鲜人民军第 1、3、5 军团，另有志愿军野战炮兵 3 个师、高射炮兵 1 个师；美第 1、9、10 军，南朝鲜第 1、3 军团，共 16 个师 3 个旅 1 个团。

战役概况 志愿军后续兵团到达朝鲜完成战役集结后，“联合国军”则准备从志愿军侧后东西海岸登陆，配合正面进攻，企图在朝鲜半岛蜂腰部建立新防线。

4月22日，西线志愿军和朝鲜人民军采取多路突破、钳形攻击的战法，发起第一阶段作战。中朝军队迅速突破并向纵深推进，歼灭美第24师、南朝鲜第6师和英第29旅各一部，再次越过三八线，直逼汉城。“联合国军”连遭打击，在撤退中采取齐头靠紧、组织抵抗等战法，阻止中朝军队插入纵深，导致志愿军歼敌不多，战场形成平推之势。

5月16日黄昏，志愿军转移兵力至东线，发起第二阶段作战。志愿军第9兵团3个军和朝鲜人民军3个军团采取两翼迂回和分割围歼的战法，歼灭南朝鲜军4个师大部。5月23日，中朝军队开始向三八线转移，进行休整和补充。“联合国军”乘机以13个师的兵力和坦克、摩托化步兵、炮兵组成的特遣队为先导发起反扑。中朝军队一时处于被动局面，志愿军第180师遭受重大损失。后经过积极组织防御、顽强阻击和反击，至6月10日，志愿军将“联合国军”阻止在三八线附近，战役至此结束。

重要战斗

县里地区围歼战斗（1951年5月16日—5月19日）志愿军第20军在朝鲜人民军第5军团协同下，将南朝鲜第3、9师大部歼灭于县里及其以南地区。

雪马里地区进攻战斗（1951年4月23日—4月25日）志愿军第63军第560团在雪马里地区全歼英第29旅皇家格罗斯特营、皇家炮兵第45团第70队、皇家哈萨斯第8骑兵坦克团1个连。

涟川、铁原地区阻击战（1951年5月27日—6月10日）志愿军第63军在朝鲜涟川、铁原地区顽强抗击美军4个师的轮番进攻，共毙伤美军1.5万余人，胜利完成阻击任务，粉碎了美军快速占领铁原、摧毁志愿军后方基地和交通线的企图。

战役结果 毙伤俘敌 8.2 万余人，粉碎了敌人进行侧后登陆、在朝鲜蜂腰部建立新防线的计划。

1951 年夏秋防御战役

战役时间 1951 年 8 月 18 日—10 月 22 日

战役地点 铁原、涟川以西地区和北汉江东西地区。

交战双方 志愿军第 47、64、65、67、68 军和第 26、27、12、42、50 军各一部，另有朝鲜人民军第 2、3、5、6 军团；美第 1、9、10 军，南朝鲜第 1 军团。

战役概况 “联合国军”为向中朝方施加军事压力，乘中朝军队刚刚转入阵地防御后工事不坚、洪水成灾、供应困难之际，集中美军和南朝鲜军共约 3 个师的兵力发动了夏季攻势，进攻朝鲜人民军防守的北汉江至东海岸约 80 千米的阵地。9 月 29 日，敌军又向志愿军坚守的阵地发动了秋季攻势。志愿军依托野战工事，在敌人的强大炮火下英勇抗击，逐山争夺，寸土必争，到 10 月 22 日，粉碎了敌人的进攻。

重要战斗

马良山战斗（1951 年 10 月 3 日—11 月 7 日）志愿军第 64 军第 191 师在临津江以西马良山、高旺山地区防御和反击作战中，各兵种密切协同，共毙伤俘英美军 4400 余人。

文登里反坦克战斗（1951 年 10 月 8 日—10 月 20 日）志愿军第 68 军第

610 团及由师临时组成的反坦克大队在文登里南北公路两侧击毁美第 2 师附法国营、美坦克第 72 营、南朝鲜坦克第 31 大队等的坦克 28 辆、击伤 8 辆，粉碎了“坦克劈入战”。

攻岛作战（1951 年 11 月 6 日—11 月 30 日）志愿军第 50 军第 148、149 师各一部，另空军轰炸机一部，攻占椴岛及大、小和岛等 10 余个岛屿，歼灭南朝鲜“白马部队”第 2、3 联队及美情报部队 570 余人，扫除了敌人在朝鲜半岛西北部岛屿上的情报基地。

战役结果 夏季防御作战中歼敌 7.8 万余人，敌突入志愿军东线防御阵地 2~8 千米；秋季防御作战歼敌 7.9 万余人，敌突入志愿军阵地 3~9 千米。志愿军攻占敌营以下阵地 26 个、岛屿 10 余座。整个夏秋防御作战，共歼敌约 15.7 万余人，有力地配合了停战谈判。

1952 年春夏巩固阵地作战

战役时间 1951 年 12 月—1952 年 8 月

战役地点 正面整个战线。

交战双方 志愿军第 65、63、64、40、39、42、38、26、15、12、68 军，以及朝鲜人民军第 1、2、3 军团；美第 1、9、10 军，南朝鲜第 1、2 军团，共 13 个师。

战役概况 1952 年 3 月底以前，志愿军的主要作战行动是击退“联合国军”小规模的进攻和小分队的侦察、袭扰，并组织连以下分队，采取伏击、反伏击、偷袭等战术手段，主动打击敌人，掩护坑道工事的构筑。从 4 月起，志愿军一线部队开始有组织、有计划地挤占双方的中间地带和攻取

“联合国军”突出的个别连、排支撑点。一线部队还积极开展了狙击活动，消灭“联合国军”阵地上暴露的目标。

重要战斗

222.9 东无名高地（老秃山）进攻战斗（1952 年 7 月 17 日）志愿军第 39 军第 343 团、各种火炮 58 门、坦克 7 辆，全歼美第 2 师第 23 团 1 个加强连。

战役结果 志愿军共进行大小战斗 1800 余次，歼敌 11.7 万余人，巩固了阵地，并把双方接触的部分中间地带和敌人部分警戒阵地、突出的支撑点变成了志愿军的前沿阵地，改善了防御态势。

1952 年秋季全线战术性反击作战

战役时间 1952 年 9 月 18 日—10 月 31 日

战役地点 正面整个战线。

交战双方 志愿军第 12、15、38、39、40、65、68 军，炮兵 5 个师（第 1、2、7、8、21 师）及 2 个战防炮团（第 402、403 团），坦克部队 3 个团（第 4、5、6 团），朝鲜人民军第 1、3 军团。美第 1、9、10 军和南朝鲜第 1、2 军团，共有美军 7 个师、英联邦 1 个师和南朝鲜军 10 个师。

战役概况 第一阶段，志愿军 6 个军和朝鲜人民军 2 个军团（第 1、3 军团），总共对 18 个目标敌军进行了 19 次反击，其中美军阵地 7 处，南朝鲜军阵地 11 处，按照预定作战计划攻克了敌军阵地。第二阶段，志愿军一线 7 个军在 180 千米正面上同时向 23 个目标敌军发起攻击。志愿军经过作战，除白马山和 281.2 高地未攻占外，其余均完成攻占任务。为配合上甘岭地区作战，志愿军将战术反击作战延续至10月底。

战役结果 作战44天，对敌60个连、排支撑点（个别营阵地）攻击77次，巩固占领敌连、排支撑点17个，全歼敌排以上建制单位81个（包括2个营指挥所），大部歼敌排以上单位18个，毙伤俘敌2.72万余人。

上甘岭战役

战役时间 1952年10月14日—11月25日

战役地点 上甘岭南597.9高地、537.7高地北山。

交战双方 志愿军第15军之第45、29师，第12军之第31师及第34师第106团，炮兵第2、7师，火箭炮第209团，第60军炮兵团，高射炮第601、610团，工兵第22团第3营，总兵力约4万人；美第7师、空降第187团，南朝鲜第2、9师，埃塞俄比亚营，哥伦比亚营，另有炮兵18个营、坦克170余辆，总兵力约6万人。

战役概况 10月14日，美第7师和南朝鲜第2师以7个营的兵力向志愿军第15军第45师2个营防守的上甘岭阵地发起猛烈进攻。第一阶段，双方不断增加兵力，志愿军表面阵地昼失夜回，反复争夺。第二阶段，10月21日—29日，双方展开激烈的坑道争夺战。“联合国军”用尽炮击、爆破、火焰喷射器等各种手段，企图把志愿军封死在坑道里。志愿军坚守坑道部队始终保持高昂的士气，在炮兵的支援下频频出击。第三阶段，10月30日，坑道内外部队相互配合，志愿军开始实施决定性反击，激战至11月25日，表面阵地被全部夺回并得到巩固，彻底粉碎了“联合国军”攻占上甘岭的行动。

重要战斗

597.9 高地防御战斗（1952 年 10 月 14 日）志愿军第 15 军第 135 团 9 连在 597.9 高地（上甘岭西南 1000 米），依托坑道顽强抗击敌人 16 小时，打退了美第 7 师第 31 团、南朝鲜第 2 师第 17 团第 1 营数十次进攻，守住了阵地，歼敌 1500 余人。

597.9 高地 1 号阵地坑道防御战斗（1952 年 10 月 19 日—11 月 1 日）志愿军第 15 军第 134 团 8 连及原坚守坑道和陆续投入的人员共 365 人坚守坑道 14 天。南朝鲜第 2 师先后投入 13 个连。最后志愿军在友军和炮兵配合下收复了表面阵地，以伤亡 321 人的代价毙伤敌 1600 余人。

反击 597.9 高地战斗（1952 年 10 月 30 日—10 月 31 日）志愿军第 15 军第 86、134、135 团共 10 个连占领 597.9 高地表面阵地并全歼南朝鲜第 2 师第 31 团 1 个营又 2 个连，还击退敌营以下兵力的多次反扑，收复了 597.9 高地除一个班阵地外的全部表面阵地，毙伤俘敌 1500 余人。

战役结果　志愿军利用坑道坚守 43 天，阵地未失，粉碎了“联合国军”的金化攻势，共毙伤俘敌 2.5 万余人，创造了现代战争史上坚守防御作战的范例，此后美军再未发动大规模进攻。

1953 年夏季反击战役

战役时间　1953 年 5 月 13 日—1953 年 7 月 27 日

战役地点　三八线附近地区。

交战双方　志愿军 10 个军、朝鲜人民军 2 个军团；“联合国军”18 个师。

战役概况 5月13日开始，志愿军第20兵团、第9兵团发起第一次进攻，先后攻击“联合国军”连以下兵力防守的阵地20处。5月27日起，志愿军第20、19、9兵团先后发起第二次进攻，至6月15日，先后攻击“联合国军”团以下兵力防守的阵地51处。7月13日—27日，志愿军发起第三次进攻，主要实施金城战役，重创南朝鲜军4个师。

重要战斗

汉江左岸进攻战斗（1953年6月10日—6月15日）志愿军第60军6个团、第68军1个团，迫击炮等火炮259门，全歼守敌南朝鲜第5师第27团，并在打退敌人反扑过程中给南朝鲜第5师另2个团和南朝鲜第3师以重大杀伤，全部占领南朝鲜第5师的基本阵地及北汉江以东949.2主高地、883.7高地、902.8高地等约30平方千米的地区，共歼敌9000余人。

座首洞南山（十字架山）进攻战斗（1953年6月12日—6月14日）志愿军第67军第200师2个团、第201师1个团、第202师1个营，迫击炮等火炮300门，坦克8辆占领了敌号称“京畿堡垒”的座首洞南山南朝鲜第21团全部阵地，歼南朝鲜第8师第21团大部，并击退南朝鲜第10团1个连至2个营兵力反扑54次，毙伤俘敌6000余人。

战役结果 志愿军和朝鲜人民军在整个宽达200千米的战线上进行了3次进攻作战，大小战斗共139次，毙伤俘敌12.3万余人（其中志愿军歼敌11.6万余人），扩展阵地240平方千米，拉直了金城以南战线，有力地促成了停战的实现。

战役时间 1953年7月13日—7月27日

战役地点 东线金城以南地区。

交战双方 志愿军第68、67、60、54、21、24军及第33师，迫击炮等火炮1111门，坦克20辆，高射炮183门，工程兵6个营；南朝鲜第6、8、3、5、11师及南朝鲜首都师、南朝鲜第9师、美第3师各一部。

战役概况 为了惩罚李承晚集团破坏停战的行为，毛泽东、彭德怀决定推迟停战签字，发起金城战役。7月13日黄昏，志愿军在前所未有的猛烈炮火掩护下，突破南朝鲜4个师正面宽25千米的阵地，在敌人处于混乱时向纵深猛插。西集团第203师穿插分队先头侦察班化装深入敌后，歼灭南朝鲜首都师第1团（“白虎团”）团部。战至16日，志愿军完成了全部进攻任务，向敌纵深推进最远达18千米。“联合国军”调集8个师的兵力全力反攻，志愿军遂转入防御，与敌展开了反复的阵地争夺战，共击退敌军反扑1000余次。

重要战斗

注字洞南山地区进攻战斗（1953年7月13日—7月17日）志愿军第24军第74师，第72师第215团、第216团1个营，迫击炮等火炮223门，突破南朝鲜首都师第26团、南朝鲜第9师第28团一部防御正面4千米，突入敌纵深5千米，收复土地约15平方千米，毙伤俘敌5310名。

奇袭“白虎团”（1953年7月13日—7月14日）志愿军第68军第203师穿插支队经过3个多小时穿插前进9千米，进行大小战斗11次，直插南朝鲜军防御核心，在直木洞以南地区袭击并歼灭南朝鲜军首都师第1

团（“白虎团”）团部，打乱了南朝鲜军防御体系，对西集团顺利完成战役第一步任务起了关键性作用。

战役结果 历时15天，志愿军第20兵团及第9兵团第24军突破南朝鲜军4个师防守的正面宽达25千米的坚固阵地，向南扩展阵地160多平方千米，拉直了金城以南地区的战线，重创南朝鲜军4个师，毙伤俘敌5.3万余人，有力地促进了朝鲜停战的实现。

志愿军空军主要战斗

1951年9月25日空战 空军第4师第12团16架战斗机，另第10团16架战斗机掩护，与20架敌机在安州地区上空激战。飞行员刘涌新首次击落敌F-86飞机1架。

1951年11月18日空战 空军第3师第9团16架战斗机与数十架敌机在永柔、安州、清川江地区上空激战，击落敌F-84飞机6架，其中王海大队击落5架。

1951年11月6日第一次轰炸大和岛战斗 空军第8师第22团图-2飞机9架，另第2师第4团拉-11飞机16架，空3师第7团米格-15飞机24架掩护，轰炸了敌军大和岛情报机构，命中率达89%，完成了空中火力突击任务。

1951年11月30日第二次轰炸大和岛战斗 空军第8师第24团图-2飞机9架，另空2师第4团拉-11飞机16架，另空3师第7团米格-15飞机24架掩护，与敌30余架F-86飞机在大和岛上空激战，击落敌F-86飞机3架、击伤5架。对预定目标进行了轰炸，完成了配合地面部队登陆作战的任务。

1951年11月23日空战 空军第3师第7团20架战斗机与50余架敌机在永柔至清川江口地区上空激战，击落敌F-84飞机7架、击伤1架。大队长刘玉堤创造了一次空战击落美机4架的纪录。

1952年2月10日空战 空军第4师第12团3大队2架战斗机与8架敌机在泰川、纳清亭地区上空激战，击落敌F-86飞机2架（美“王牌驾驶员”乔治·戴维斯所驾驶的飞机及其僚机）。

志愿军高炮部队对空主要战斗

1952年5月8日楠亭里地区对空战斗 独立高炮第24营对抗敌机360余架次攻击，击落敌机7架、击伤18架。

1952年6月10日郭山地区对空战斗 高炮第62师第604团、探照灯第421团第6连、友军航空兵一部对抗敌4架B-29飞机攻击，首次协同作战，一举击落3架敌B-29飞机。

1953年1月9日—15日安州地区对空战斗 高炮第62师第605团，第64师第610、611团，城防高炮第512、502团和第523团1个营，另2个独立高炮营、探照灯第421团2个连，对抗敌机1500余架次攻击，作战6天，击落敌机15架。

主要参考文献

[1] 胡海波 . 朝鲜战争影像全纪录［M］. 广州：广东经济出版社，2016.

[2] 军事科学院军事历史研究所 . 抗美援朝战争史：第 3 版［M］. 北京：军事科学出版社，2014.

[3] 李峰 . 决战朝鲜：白金珍藏插图版［M］. 北京：现代出版社，2017.

[4] 齐德学 . 巨人的较量：抗美援朝高层决策［M］. 沈阳：辽宁人民出版社，2017.

[5] 齐德学 . 你不了解的抗美援朝战争［M］. 沈阳：辽宁人民出版社，2017.

[6] 徐焰 . 毛泽东与抗美援朝战争［M］. 北京：解放军出版社，2003.

[7] 徐焰 . 抗美援朝时引进苏联武器及债务问题的真相［J］. 兵器知识，2020（10）：14–19.

[8] 廖国良 . 毛泽东军事思想发展史［M］. 北京：解放军出版社，2002.

图表来源

1. 中国军事百科全书编审委员会，《中国军事百科全书（第二版）》，中国大百科全书出版社 2014 年版。

2. 军事科学院军事历史研究部，《抗美援朝战争史（全三卷）》，军事科学出版社 2000 年版。

3.《中国人民解放军军史》编写组，《中国人民解放军军史（第四卷）》，军事科学出版社 2011 年版。

4. 中国人民革命军事博物馆，《纪念中国人民志愿军抗美援朝出国作战七十周年主题展览》，2020 年。